|光明社科文库|

东瀛求索

霍耀林◎著

光明日报出版社

图书在版编目（CIP）数据

东瀛求索 / 霍耀林著． -- 北京：光明日报出版社，2023.5

ISBN 978-7-5194-7267-2

Ⅰ．①东… Ⅱ．①霍… Ⅲ．①社会问题—研究—日本 Ⅳ．①D731.38

中国国家版本馆 CIP 数据核字（2023）第 096178 号

东瀛求索
DONGYING QIUSUO

著　　者：霍耀林	
责任编辑：房　蓉	责任校对：郭玫君　李佳莹
封面设计：中联华文	责任印制：曹　净

出版发行：光明日报出版社
地　　址：北京市西城区永安路 106 号，100050
电　　话：010-63169890（咨询），010-63131930（邮购）
传　　真：010-63131930
网　　址：http://book.gmw.cn
E - mail：gmrbcbs@gmw.cn
法律顾问：北京市兰台律师事务所龚柳方律师
印　　刷：三河市华东印刷有限公司
装　　订：三河市华东印刷有限公司
本书如有破损、缺页、装订错误，请与本社联系调换，电话：010-63131930

开　　本：170mm×240mm			
字　　数：210 千字		印　　张：12	
版　　次：2024 年 3 月第 1 版		印　　次：2024 年 3 月第 1 次印刷	
书　　号：ISBN 978-7-5194-7267-2			
定　　价：85.00 元			

版权所有　　翻印必究

前面的话

作家余华说:"人是为了活着本身而活着,而不是为了活着之外的任何事物而活着"。我一直在思考,这"本身"该作何解呢?恐怕并非简单的维持肉体生命的存续。从生物学的角度看,要维持肉体的生命,只需按时供给特定的营养成分即可。可是,人活着显然并非如此简单。

有位哲人曾说过:人活着就两件事,忙着生或者忙着死。似乎也有一定的道理,因为生命的两端确实也就只有生和死,不是忙着生,那就只能是忙着死了。

人生的旅途中,确实存在着太多不确定的因素,称之为命运也好,注定也罢。每个生命个体,无论何时以何种方式,总有一天都会离开这个世界,大多数时候恐怕还是毫无征兆、悄无声息地离开。每每想到此,我就有一种时钟被拧上发条一样的紧迫感。其实我并不是害怕离开,也不是恐惧死亡,只是觉得自己还有很多想做的事,尚有很多没来得及实现的梦想。于是,我经常告诫自己要"活在当下"。

以前经常想,当下无非就是此时此刻,可是后来当我知道六十个当下等于一刹那,而六十个刹那等于一秒的时候,才为自己曾经的自信感到深深的不安。人生中的每一秒,居然都是由三千六百个当下构成的。于是,我不得不反思,自己是否真的活在了当下呢?

回望过去的点点滴滴,有些清晰,有些模糊,可无论清晰还是模糊,我都已经走过,想要倒回去做个标记已无任何可能。于是我不断地提醒自己,人生的终极目标就在旅程的尽头,且行且珍惜。

自离开家乡以来,经常会想起家乡的那些山间小道,那一条条羊肠小径,曲折崎岖,顺着山势蜿蜒在连绵的群山之间。它像极了人们在走的人生道路。而熟悉那些小径的,除了生活在那里的人,还有生活在那里的动物。但在人生的道路上,能掌握自己方向的却只有自己。山间的小路会随着地势与四季的更替,既有坎坷崎岖、荆棘满地,也有径暖草积、山晴花繁,人生的道路又何尝不是如此。重要的并不在终点,而在于途中。

一直以来,我都没有离开过校园。读书从学习变成了工作,变成了生活,而随着书读得越来越多,迷惑也越来越多。如今已经接近不惑之年,我经常自嘲地说自己一不留神就过了贪玩的年纪,对于短暂的人生,越来越有一种切肤的认识。我开始思考:应该如何活着,为什么活着。

如果将这个世界上的人分类的话,我想大概可以分为三类:第一类人,非常了解自己,也知道自己想要什么,所以他的一生就是追求自己梦想、实现自己人生价值的一生;第二类人,他的一生也许大半时间都在浑浑噩噩中度过,但是在离开这个世界之前,他还是找到了自己的追求,于是,在最后的那么几年或者几十年,他还是可以让自己辉煌一下,为人生留下一段属于自己的精彩;第三类人,应该是世间的大多数人,也许他一生都在追求,也许他安于现状,也许是其他情况,无论如何,他就似一阵清风,或是一缕青烟,轻轻地来,又轻轻地走了。

对于这三类人,我不做任何的价值判断,每个人都有自己的选择,无所谓好,也无所谓坏,完全以个人自己的选择为基准。就我而言,我一直认为自己是个不太安分的人。

我并不认为自己有多么远大的追求,也从不认为自己有多大的能耐,在上述的三类人里,我将自己定位为第三类,也就是一直在摸索中生活的那类。所以我经常对自己说,自己一直在路上。无论是在中国,还是在日本,我只是不想停下来而已。因为我很害怕那种等待死亡的生活,任何人都无法预料我们的生命还能存续多久,我所做的也无非是趁着当前生命尚存,多折腾一下而已。

仔细想来,人生真的就是一连串的问号:谁也无法预料下一刻的自己。如果一个人能够时刻惦记着那个有可能不期而遇的死神,我相信他对于"活着"的认识也会更加深刻,也许会比普通人更懂得生命的价值,而这样的人,往往也会有自己更加坚定的追求。我经常想,所谓的追求,所谓的梦想,或许就像黑暗中照人前进的那点光亮,所有的人都是在不断追逐的过程中,寻求着自我价值的最大化。而光亮的差别也可能只在于程度不同,有些人的梦想照亮的是他的整个人生,而有些人的梦想也许只照亮了一个漆黑的夜晚。想走得更远,当然必须要有更亮、更长久的光,于是怎样才能让光亮变得更强、更长久成为一个必须思考的问题。

对我而言,梦想之光虽然未必能照亮整个人生,但也绝非只照亮了一个夜晚。我曾将它比作夜空中的星星,一边给了我希望,让我从未停歇追逐的脚步;一边又是那么遥远,让我可望而不可即。于是,在没有到达之前,我

必须一直努力追逐……

时间过得真的太快了。还清楚地记得 2018 年 12 月 31 日夜，当我从相国寺穿过时，看到钟楼下面排着长长队伍等待新年钟声敲响的日本人，一边投以羡慕的眼光，一边迈着匆匆的脚步返回研究室。两个月前虽然已经将博士论文的终稿交上，但是对能否顺利毕业以及毕业后的规划，我还是没有一点头绪。我坐在电脑前，把"2019，致自己"反反复复地写了几遍，最后还是删掉了。自从 2013 年赴日留学以来，我看着樱花从含苞到绽放，从灿烂到凋零，看着漫山的绿叶一点点变红，直到被厚厚的白雪覆盖。一年又一年，在研究室里的我，每天都是看着月亮从窗外升起，又看着月亮落下。忙忙碌碌中交织着百感，枯燥的研究生活中，我都是通过这些"不务正业"的文字来调剂自己生活的。

收录在本书中的大部分文章都是在日本留学期间写就的，作为难忘的求学生涯中的美好记忆，也希望能为中日两国架起沟通的桥梁，增进两国人民之间的理解，为中日世代友好尽绵薄之力。

目 录
CONTENTS

德仁天皇：日本的令和天皇 …………………………………………… 1

大来佐武郎：国务院里的日本顾问 …………………………………… 9

中国改革友谊奖章获得者：日本前首相大平正芳 …………………… 16

从抗日斗士到可耻汉奸：报人陈彬龢之人生传奇 …………………… 24

民国时期史学家王桐龄与日本 ………………………………………… 36

民国日本研究杂志之滥觞：《黑潮》之日本研究 …………………… 51

动员大众之力：二战期间日本标语中的国民精神总动员 …………… 63

日本黑社会的前世今生 ………………………………………………… 73

艺妓在日本是怎样的存在？ …………………………………………… 78

真正的日本"花魁"有多美？ ………………………………………… 84

电影《望乡》与近代日本的"南洋姐" ……………………………… 89

在日本扔掉一件垃圾有多难？ ………………………………………… 95

较高物价下，日本人是如何"拼命"活着的？ ……………………… 99

日本严重啃老："8050问题"已经过时，"9060问题"才须警惕 …… 105

精致的孤独：日本人的老年生活 ……………………………………… 110

每年近1.6万人"凭空消失"，"认知症"距离我们究竟有多远？ …… 114

"日本宣布攻克白血病"属乌龙，但是医疗福利却不假 …………… 120

日本的教育 ……………………………………………………………… 126

日本的"高考" ………………………………………………………… 132

日本的留学生政策 ……………………………………………………… 137

近代日本是如何"制造"博士的？ …………………………… 142
云冈石窟与日本 …………………………………………… 148
甲午战前日本对中国的秘密测绘 ………………………… 154
附：最忆是京都 …………………………………………… 159

德仁天皇：日本的令和天皇

2019年10月22日，日本举行新任天皇德仁的"即位礼正殿之仪"，德仁亲王正式即位，日本由此开启了一个崭新的时代。

而早在当年的4月30日，明仁天皇就举行了"退位仪式"，根据日程安排，5月1日举行"剑玺等承继仪式"，之后才举办新天皇与政府、法院、国会三个权力机关首脑，以及国民代表见面的"即位后朝见仪式"。

一

日本天皇是世界现存历史传承最悠久的皇族帝系，从第一代天皇（传说中于公元前660年即位的神武天皇）至今已有126任、两千六百多年之久的传承。

10月22日，新任天皇德仁（令和天皇）正式从宣布退位的天皇明仁（平成天皇）手中接过皇位，从而完成最古老皇室的最新让受。

这次继位典礼创造了一系列新的历史：令和天皇成为明治维新暨1947年5月3日生效的《日本国宪法》（"和平宪法"）下第一位从健在的前任天皇手中接过帝位的新天皇。明仁则成为明治维新后第一位在生前退位的日本天皇。

9月18日，日本政府公布了"即位礼正殿之仪"的一系列具体环节。其中，标志皇位交替的"剑玺继承仪式"，即传位和继位天皇间让受"三种神器"（八咫之镜、天丛云之剑和八坂琼曲玉）以及日本玉玺、国玺的仪式，已于5月1日"成礼"。

10月22日举行的是相当于西方现代立宪君主"加冕礼"的"即位礼正殿之仪"。新天皇将身着日本传统礼服，在东京皇宫正殿"松之间"登上高达

6.5米、重约8000公斤，造型古朴奇特的高御座，发表即位致辞，并接受日本首相宣读的"寿词"和首相带领在场来宾"三呼万岁"的敬贺。

"即位正殿之仪"仅是10月22日一系列天皇继位程序的一环。礼成后，照例还将于下午3时30分举行"祝贺御列之仪"。天皇夫妇将乘坐丰田特制的敞篷汽车从皇宫宫殿出发，在皇嗣、首相和官房长官等人陪同下花30分钟时间在臣民与游客夹道注目和欢呼下前往4.6公里外的赤坂御所。

当晚还将举行由天皇夫妇主持的"飨宴之仪"，翌日晚则由日本首相夫妇在东京都内主办招待外国元首、特使的官方晚餐会。

二

即位当年已经59岁的德仁创下了多个第一，他是第一位从健在的前任天皇手中接过帝位的新天皇，第一位出生在二战后的日本天皇，第一位完全由父母抚养长大的天皇，第一位完成大学学业、前往海外深造的天皇。

德仁出生于1960年2月23日，当月29日，举行了命名仪式。其祖父昭和天皇（裕仁）依《中庸》第32章中"浩浩其天，苟不固聪明圣知，达天德者，其孰能知之"，将其命名为浩宫德仁。希望其仁心诚挚，聪明智慧，拥有天赋美德。德仁一出生就一改日本皇室由保姆和"太子太傅"抚养皇子的惯例，由母亲美智子皇后亲自抚养照顾。上学时，德仁的午餐也是家庭自制便当，这种父母为孩子亲力亲为的举动让明仁夫妇看起来特别"接地气"。

德仁从幼儿园到大学一直就读于皇家学习院（起源为京都御所内设置的教育机构，后成为专供皇族子弟就读的学校）。高中阶段开始，除正规的课程外，在御所以进讲的形式学习《历代天皇事迹》。此外，还广泛涉猎日本古典的《古事记》《日本书纪》《平家物语》《万叶集》等，对比较神话学、文化史、文化人类学、时事问题等多有研究。据相关报道，德仁在学生时代是个快乐且充满好奇心的学生，愿意接受新事物。

1982年3月德仁从学习院大学文学部史学科毕业，继续攻读该校硕士学位。但是，与之前皇族普遍以自然科学为专业不同，德仁非常热衷于日本古代史，对中世纪交通史和流通史用功尤深。

1983—1985年，德仁赴英国牛津大学莫顿学院留学，致力于泰晤士河的水运史研究，1988年研究生毕业，获硕士学位。在英国留学期间，英国外交部曾向时任首相的撒切尔夫人递交文件，称德仁是个"平易近人，但有点腼腆的青年"。

德仁非常喜欢留学生活，他觉得通过在英国的留学，学会了自己思考、自己决策和自己行动。

三

1985年，25岁的德仁留学回国，他的婚姻问题成了当时日本皇室的头等大事。但爱情的缘分似乎在冥冥中早已注定，1986年，德仁对雅子一见钟情。

雅子，原名小和田雅子，1963年生于一个传统的外交官家庭，从小在莫斯科、纽约等多个城市生活，见多识广。1985年以优异的成绩从美国哈佛大学经济系毕业后，回国到东京大学读法学硕士，接着通过了难度极大的外交官资格考试，成为前首相安倍晋三的父亲安倍晋太郎的翻译。雅子会讲英语、法语、俄语等六种语言，她从小最大的梦想就是能成为一名像父亲一样出色的外交官。但是在遇见德仁皇太子的那一刻起，她的命运发生了改变。

1986年10月18日，在东宫御所举行的西班牙胡安·卡洛斯一世国王之女艾烈娜公主的欢迎音乐会上，时年26岁的德仁与23岁的女外交官小和田雅子第一次相遇。雅子穿着漂亮的蓝色洋装向德仁鞠躬行礼，而德仁则祝贺雅子顺利通过外交官考试，两人寒暄了两分钟，德仁就被侍从催促着去招待别的宾客，而这已经足够了。德仁事后向好友坦白说："就像被电到一样。"

有好感之后，德仁开始频频制造机会。第一次相遇后不久，两人再次在日英协会举办的一次宴会上相遇，而这是德仁事先安排好的，两人再次客气地交谈了一番。1987年新年除夕的前一天，德仁主动要求父亲——当时还是皇太子的明仁邀请小和田全家到皇宫相聚。平民家庭被邀请到皇宫，是史无前例的。爱情的种子在两个年轻人的心中萌芽。而同时，作为掌管皇室一切大小事务的宫内厅也迅速开始行动，他们很快就对雅子进行了详细的调查，同时否定了雅子作为未来太子妃的可能。

日本对于皇室妃子的选择，有着近乎苛刻的规定。比如身高不能超过皇太子的头发，年纪要比皇太子小，没有做过手术，身体没有任何损害，没有任何先天性缺陷或疾病，纯日本种族，等等。而雅子1.64米的身高已经超过了德仁，加上曾长年旅居国外，不够"日本"，也不够恭敬顺从，有自己的想法,不好驾驭。不仅如此,雅子的家世也不够"清白",雅子的外祖父江头丰,曾经牵涉进震惊日本的"水俣病事件"。

但是,德仁好像继承了其父亲明仁的专情,非雅子不娶,他不顾宫内厅及传统旧贵族的反对,频繁约雅子见面。终于有一天,他鼓足勇气向雅子求婚,但雅子的回答却让他大出所料。雅子回答说:"我可以选择拒绝吗?"

日本皇室的婚姻一直都是日本民众及媒体普遍关注的。自从德仁和雅子约会以来,小和田家就被各路媒体和狗仔队包围,雅子也常常出现在各类媒体上。这一切,都让雅子不胜其烦。为了躲避德仁的追求,1988年,雅子远赴英国牛津大学继续深造,希望可以借此斩断情丝,重新开始。

在雅子留学期间,日本宫内厅为德仁安排了各种各样的相亲活动,有时他也会象征性地出席一下,但结果都无疾而终。宫内厅官员问道:"问题出在哪里呢?"德仁回答说:"我知道雅子还是单身。"

两年后,雅子留学归国,进入外务省最重要部门之一——第二北美部,负责日美经贸谈判。由于她的英语能力出色,所以经常担任翻译。她曾为前首相中曾根康弘等政府高官做会议记录并翻译,并参加过外务省大臣渡边美智雄与美国特别贸易协商代表之间的高层贸易会谈,事业风生水起。

时间进入1992年,德仁32岁,成了日本历史上最高龄的单身皇太子,天皇夫妇几乎已经对能否找到合适的太子妃确保皇室血脉的延续感到绝望了。而德仁依旧在等待自己心爱的姑娘回心转意。

看在眼里、急在心上的明仁天皇也终于坐不住了,他向宫内厅授意,希望能说服雅子。但这首先必须征得其父亲小和田恒的同意,因为小和田恒也不愿意为了婚姻断送了女儿的职业生涯。宫内厅为此派出了在外务省任职的前辈柳谷谦介。在他的劝说下,小和田恒终于表示不再反对女儿的婚事。

1992年8月16日,在历经5年的相思之苦后,在柳谷谦介家,德仁再次见到了雅子,两个人秘密约会了4个小时。6个星期后,两个人再次约会,德仁再次鼓起勇气向雅子求婚,但答案依旧还是那句"可以选择拒绝吗"。

1992年12月12日,雅子前往东宫,向德仁深深地鞠躬行礼,并给了德仁一直在等待的答案。她说,如果我可以成为您的支柱,我会谦逊地接受。而德仁也同时向她保证,此生将会尽所有力量来保护她度过一切困难。

1993年6月9日,德仁皇太子与雅子的婚礼隆重举行,从这一刻起,外交官的小和田雅子不复存在,她正式成为日本皇太子的太子妃。

2019年5月1日,德仁天皇即位,改元"令和"的同时,太子妃雅子成为日本国皇后。日本也迎来了第二位平民出身的皇后雅子。

四

从德仁与雅子结婚的那天起,日本民众与媒体就时刻关注着皇太子妃雅子的肚子,德仁曾经还和雅子开玩笑说要生一个军乐团出来。可是时间一天一天、一年一年地过去,雅子的肚子却迟迟没有动静。直到婚后第6年,也就是1999年,宫内厅才传出消息说,雅子妃怀孕了。可是不久以后,太子妃竟然意外流产,生孩子的压力变得越来越大。

另一边,明仁天皇次子文仁亲王的妻子,也就是德仁和雅子妃的弟媳,则生了一个又一个。文仁结婚的第二年便生下了内亲王真子,三年后又生下了佳子。而雅子6年中只有一次令人心碎的小产。

2001年,雅子妃终于又传出了怀孕的消息,对于这一胎,皇宫上下格外重视,雅子的一切外事活动都被取消,她唯一的工作只剩下平安产下皇子。皇室还特意为雅子举行了传统的系带仪式,祈祷雅子顺利生产。

2001年12月1日,宫内厅医院,38岁的雅子终于产下了第一个孩子——小公主爱子。初为人母的雅子格外高兴,出院回家那天,雅子早早地梳洗打扮好,用洁白的小毛毯裹住掌上明珠,殷勤地向医院工作人员鞠躬感谢。然后在皇太子的陪同下,亲自抱着女儿出现在日本公众面前。在庆祝小公主出生的新闻发布会上,雅子抑制不住心头的激动,在公众面前留下了喜悦的泪水。

爱子公主的诞生给日本皇室和日本民众带来了希望和欢乐,但也充满了争议,因为此时日本的皇室还是没有男孩出生。而根据1947年颁布施行的现行《皇室典范》规定,皇位必须由属皇统的男性继承,雅子仍然面临着巨大的生育压力。2002年,明仁天皇罹患前列腺癌,必须要做手术。明仁曾非常忧虑地表示,自己可能会在不清楚皇室血脉是否得以延续的情况下去世。所以雅子身上"生个男丁"的压力骤增。

宫内厅也由此继续向雅子暗示,要她继续努力,直到生出儿子为止。宫内厅为此再次停掉了她所有的出访活动。此时的雅子已经接近40岁,再次怀孕谈何容易。不堪压力的雅子妃终于病倒了,虽然外界对此有各种说法,但可以确定的是雅子真的病了。她渐渐地从公众的视野中消失了,原本应该由两人共同参加的公开活动，现在只有皇太子德仁一人独自前往。

2004年5月，皇太子德仁受邀出国参加丹麦腓特烈王储和玛丽王妃的婚礼，在出发前例行的记者招待会上，有记者询问雅子妃为何取消行程？一向沉稳的德仁突然放下手中的讲稿，神情充满怒气，并且开始了前所未有的脱稿演说。他说关于雅子妃的近况，是因为有人对她的经历和人格做出了否定，以致生病而无法工作。德仁的发言令日本举国震惊。雅子妃获得了民众的广泛同情，宫内厅一时成了众矢之的。日本民众一致表示，一切应以德仁和雅子的幸福为重，国民希望看到皇太子和太子妃被幸福所包围，而不是陷入烦恼之中。

雅子的病情似乎激起了德仁的斗志，他希望修改《皇室典范》，让女性也能继承皇位。针对此问题，日本国内其实早有议论，时任首相的小泉纯一郎在接受国会质询时曾表示：日本有女天皇也不错。2005年初，他指派相关人士组成委员会，对该问题进行了讨论。接下来的10个月里，举行了17次会议，委员们达成共识，建议修改《皇室典范》，允许女性成为天皇。如果这项决议通过，爱子公主就将被安排在父亲德仁之后，成为皇位的第二继承人，这样，雅子生男孩的压力就会大大减小。然而，事情并没有像想象的那样发展，2006年2月，文仁亲王生下了悠仁王子，是40多年来日本皇室诞下的唯一男性子嗣。有了男丁，允许女性即位的《皇室典范》修改法案就被搁置下来。

虽然雅子的生育压力大大减小，但是她的病情却似乎没有什么改变，她依旧拒绝出席各类公务活动，而是一门心思扑在了女儿爱子身上。有一天，上小学的女儿爱子回家说，有人在学校欺负她。从此，雅子开始每天陪着爱子上学，雅子这种过分注重自己的行为引起了一些日本民众的不满，皇太子德仁在日本民众心目中的地位也下降了很多。而相反的是，其弟弟文仁的风头却正盛，甚至超过了皇太子。文仁最大的优势就在于有个儿子，而且社会形象非常好。

2012年，宫内厅曾经策划让德仁与雅子妃离婚，因为雅子的身体状况使她无法在将来履行皇后的职责。然而不论外界的传言如何沸沸扬扬，皇太子德仁始终信守当初的承诺——此生会尽所有力量来保护雅子度过一切困难。美国波特兰州立大学研究日本皇室的专家肯尼斯·劳夫（Kenneth Ruoff）教授评价说："德仁对雅子的呵护让一些女性非常感动。可以说，他坚守了自己当年的承诺。"

五

1947年实施的《日本国宪法》规定，天皇自成了"日本国及日本国民团结之象征"——一个没有政治权力的名义上的领袖，一个自由主义与和平主义理念的化身。

鉴于天皇制在日本近代史上扮演过的特殊角色，德仁的父亲明仁天皇自1989年即位以来，终其一生都在探索"象征天皇"的意义。他不仅在国内亲民方面大下功夫，积极推动皇室融入日本社会，还崇尚和平，坚持不参拜靖国神社，亦是日本第一位也是唯一一位访华的天皇。不仅如此，他还呼吁日本要继续走和平道路，呼吁年轻一代不要忘记战争，并对二战中日本的侵略暴行表示悔恨，塑造了"亲民"和"直面历史"的新天皇形象。

作为皇太子，德仁一直效仿父亲的"亲民"路线。1995年阪神大地震发生后，德仁和雅子一道赶赴灾区，与父母一样屈膝慰问灾民。德仁酷爱登山，经常会和偶遇的登山客热情交流，没有任何皇室架子。

2006年3月，德仁表示，古老的日本皇室应该与时俱进。"在尊崇皇室职责同时，我也希望能发现、履行符合时代的其他职责，做我们这代人能做的事情。"

虽然根据日本宪法，皇室不参与政务，但是德仁皇太子一改惯例。2015年2月，在世界各国都在准备纪念二战70周年之际，德仁公开表示"以谦卑的态度回顾过去，正确传递战争的悲惨经历，十分重要"。他的讲话被解读为是对日本政界民族主义人士有意篡改那段历史发出的警告。在2016年的记者会上，德仁共11次提到了"和平"，他说"将为经历过战争的人与没有经历过战争的人提供直接交流的机会。"

作为首位拥有研究生学历和留学经历的天皇，德仁在水资源问题方面颇有研究。在学生时代，德仁曾研究过中世纪日本濑户内海水运、英国泰晤士河水运交通的历史。作为皇太子履行公务时，他也格外关注水资源问题。2007—2015年，德仁还曾担任联合国秘书长水与卫生顾问委员会名誉主席。德仁曾表示，可以以"水"为切入口，来思考事关民众生活稳定、发展、富足以及防灾的问题。

随着"令和"时代大幕的开启，全世界的目光都聚焦在这位新天皇的身上。日本舆论普遍认为，德仁即位后，或将顺应时代变化，继续探索阐释皇室的"象征"意义。而其实早在2017年，日本通过特别法律允许天皇生前退位之时，德仁皇太子就曾表示，他已经做好了继位准备，将遵循父辈的足迹，继续亲民路线，"站在人民的身边"，并努力为皇室"带来新风"。

德仁的好友小山泰生于2018年秋天出版了一本名为《新天皇与日本人》的回忆录。他在书中写道："他（德仁）是一个特别普通，又特别认真的人。比方说，考试之前，他会按照顺序，认认真真地复习考试范围之内的全部知识点。但是，他并不会给自己定一个必须考高分的目标。"

而据日本雅虎报道，由于与年龄不相称的老成言行，德仁学生时代的绰号是"老头儿"。他爱好广泛，包括拉小提琴、打网球、跑步等。其中最爱的是登山，到目前为止已攀登过170座以上的山，包括富士山和南阿尔卑斯的白峰三山。

小山泰生觉得，如果德仁不是天皇，而是一个普通的上班族，他也能和同事一起团结协作，有条不紊地推进工作。他还提到，德仁是演员山口百惠的忠实粉丝。

对于如何评价这位新天皇，小山泰生写道："如果有人问我，新天皇是一个什么样的人，我一定会回答：'一个非常普通的人。他既没有超乎常人的能力，也不一味地追求出类拔萃，他只是一个脚踏实地的日本人。'"

雅子也曾表示："虽然我在预想即将到来的日子时，对自己能做出多少贡献感到不安，但我想为人民的幸福付出，我会往这个方向努力。"

美国哈佛大学荣誉退休教授，著名的日本研究学者傅高义（Ezra Feivel Vogel）表示，希望皇后雅子能活用语言能力和当过外交官的经验，发挥对外传递"日本情感"的作用。傅高义同时也相信"她的话，不用努力也能做到"。

伴随着新的天皇的即位，一个全新的时代也随之开启，究竟能带来什么样的新风，值得所有人关注。

大来佐武郎：国务院里的日本顾问[1]

1979年1月28日，农历大年初一，是十一届三中全会召开后迎来的第一个春节，举国欢庆，万象更新。当全国人民都沉浸在浓重的节日气氛中时，以时任国务院副总理谷牧为代表的国务院各部门负责同志、社科院有关经济计划及政策制定的相关干部500多人在这个春节却未能与家人一起辞旧迎新。他们都在北京钓鱼台国宾馆倾听一场主题为"中国经济与日本经验"的连续几日的讲座。

在"文化大革命"刚刚结束之际，能在钓鱼台国宾馆，利用春节假期给国务院、社科院的干部讲课，这位讲演者究竟是何方神圣？有什么背景呢？

一

答案先不着急揭晓，把时间稍微往前推一下，就在刚刚过去的1978年12月18—22日，中国共产党第十一届三中全会在北京召开。全会公布了爆炸性的决定：不仅提出要将工作重点转移到社会主义现代化建设上来，还提出要实现农业、工业、国防和科学技术四个现代化。

此时的中国，大局未定。在绝大多数人还在彷徨时，有一个人似乎早已在脑海里将大局步定。

时间再往前推两个月，1978年10月，一位中国政要到访日本。作为二战后首位出访日本的中国政要，日本举国上下都对他表示了极大的热情，进行了隆重的欢迎，他就是时任中华人民共和国副总理的邓小平。10月23日，福

---

[1] 本文中邓小平同志的讲话均引用自2019年2月10日晚日本放送协会（NHK）播出的纪录片『中国改革開放を支えた日本人』。

田赳夫首相携400多位日本友人、28个驻日主要国家大使举行了盛大的仪式，欢迎邓小平访日，并共同参加了《中日和平友好条约批准书》的换文仪式。在随后的讲话中，邓小平指出："让我们为中日两国人民世世代代友好，为迎接中日关系更加光辉灿烂的前景，为亚洲和世界和平而共同努力"。

此时的日本自1964年举办了战后首届奥运会后，又在1970年举办了世博会，距离全世界首条投入商业运营的高速铁路开通已经过去了近15年。邓小平饶有兴趣地亲自坐上了日本的新干线，感受了战后日本经济发展的速度。在被问到感受如何时，邓小平回答："就像推着我们跑一样，我们现在很需要跑。"此次访日期间，邓小平不仅乘坐了高铁，还参观了日方安排的所有现代化企业。在新日铁的炼钢炉边，邓小平发现，这里非但没有热火朝天、大汗淋漓的炼钢场面，反倒平静地种了一排花。在松下、日产等公司的车间，邓小平也没有见到扎堆的工人，映入眼帘的是许多机器人，不仅可以24小时连续工作，还完全不用担心产品质量。从东京到京都，日本战后几十年取得的成绩，居然如此令人印象深刻。

如何加快推动中国的社会主义现代化建设，邓小平从战后仅仅用了23年就跃居世界第二经济大国的日本寻找到了答案。

在之后的记者招待会上，当被问及中国建设"四个现代化"的相关问题时，邓小平回答："首先要承认我们的落后，老老实实承认落后就有希望。再就是要善于学习。这次到日本来，就是要向日本请教。"

二

邓小平回国后，他的得力助手，时任国务院副总理的谷牧向邓小平建议，可以请外国人担任顾问，减少中国的弯路。

谷牧副总理的这种想法在当时是非常大胆、破天荒的。新中国自成立后，从未邀请过外国人担任中国政府的顾问。在邓小平的支持下，在1978年12月23日中日合作项目宝山钢铁厂的开工仪式上，谷牧副总理向日方代表稻山嘉宽（时任新日本制铁会长）提出，希望能给中国推荐一位熟悉世界经济的专家。稻山推荐的正是曾任日本经济研究中心理事长、时任日本海外经济协力基金总裁的大来佐武郎。

大来佐武郎，1914年11月3日出生于中国辽宁省大连市，父亲是当时

《人民新闻》的一名记者，日俄战争后，怀抱青云之志来到中国，进入由末永铁严（日本右翼团体玄洋社出身，曾与三宅雪岭、高滨虚子等创办《日本新闻》）在大连创办的日文报纸《辽东新闻》。其母是末永铁严之妻贞子的妹妹。他是家中的第三子，其家族姓氏"大来"据说取自《易经》中的"大来小往"。其家族世代喜好钻研学问，大来从小时候起就经常听其父亲讲述中国和日本的历史。据大来佐武郎称，其父为其取"佐武郎"之名，用意也颇深。佐，意为帮忙、帮助；武，意为止戈，希望和平。希望他能成为一个爱好和平之人。

1921 年，大来入大广场小学，即当时的大连第四小学。在大来的记忆里，小学阶段印象比较深的是耐寒训练。大连的冬天很冷，在零下 15 摄氏度左右的天气里，早晨天不亮就要起床去爬附近的南山。

大来在大连一直读到小学毕业。1927 年，他才第一次在母亲的带领下，经沈阳、首尔、釜山回到东京，进入府立一中。1931 年以优异的成绩考入被誉为东京帝国大学预备学校的第一高等学校，毕业后顺利进入东京帝国大学学习电气工学。大学时代，最让大来印象深刻的就是大二时参加了"满洲电气学会"。得益于此，大来能够在大连、沈阳、哈尔滨等地进行了一周多时间的旅行。对于大来而言，大连就是他的故乡，虽然回到日本这么多年，但他无时无刻不怀念着在大连度过的童年时光。

1937 年，卢沟桥事变爆发，而大来也从东京大学毕业，9 月进入日本递信省（类似邮政部）。两年后的 1939 年 6 月，被派往位于北平（今北京）的兴亚院华北联络部。联络部在北平、张家口、上海设有三个分支机构，由日本政府派遣一些年轻的官僚负责，而张家口的负责人是大平正芳。也正是在这段时间里，大来结识了大平正芳。

在北京期间，大来参加了一个由日本年轻学者组成的主题为"中国问题"的读书会——北京木曜会，通过读书会，大来接触到孙中山的"三民主义"和橘朴的《支那思想研究》等。从到北京赴任之初，大来就对眼前这场战争不抱希望，从战争的物资、动员、计划等方面，他隐约感觉日本注定要输掉这场战争。在北京任职两年多后，1942 年 2 月，大来被调回日本，任职兴亚院本院技术部。当年 11 月，兴亚院与外务省亚洲局合并成立大东亚省，大来被分至总务局调查科。

在战争尚未结束之际，大来就已经开始考虑日本的战后问题。战争结束的第二天，在大东亚省总务局长室就召开了第一次战后问题研究会，着手讨论日本战后的问题。研究会定例每周一次或两次，前后进行了四十余次，在1945年底，由大来等人执笔编辑成名为《日本经济重建之方途》的报告书，次年3月改名为《日本经济重建的基本问题》，印刷了一万多部，发给相关各部门，受到了各方好评。

1947年6月，片山内阁成立之后，大来被任命为总裁官房调查科长，在他的推动下，日本历史上第一份经济白皮书《经济实相报告书》出炉，对战后日本民主政治的推行起到了巨大作用。1949年，随着"道奇路线"在日本的施行，日本战后经济迎来了巨大转变。1950年4月起，大来随时任金融局次长的西原直廉赴欧美进行了为期5个月的考察，这成为其走上国际舞台的一个起点。之后大来相继出席了在巴基斯坦、缅甸召开的亚洲和远东经济委员会（现联合国亚洲及太平洋经济社会委员会），并于1952年4月，赴位于曼谷的该委员会总部任职。1953年底返回日本后，大来先后担任经济审议厅调查部调查官，1957年任企划厅计划局局长，1962年任企划厅开发局局长，1964年任日本经济研究中心总裁。

1972年4月，美国总统尼克松夫妇访华结束两个月后，应三木武夫之邀，为实现中日邦交正常化，大来经香港、广州抵达北京。在一周的时间里，先后会见了中日友好协会副会长王国权、会长廖承志，之后还和周恩来总理举行了几次会谈。

考虑到大来是经济方面的专家，所以此次访问期间他还应邀给中日友好协会、对外贸易部、新华社等做了关于日本经济的讲演。4月17日，周恩来总理设宴招待三木一行。席间，向大来咨询了很多关于经济的问题。

一系列的会谈结束后，大来一行还参观了颐和园、卢沟桥人民公社、八达岭长城、北京大学等。对大来来说，他不仅出生在大连，而且曾经在北京工作过两年，这次时隔近30年再访北京，格外有意义。虽然北京的城墙已经被拆除，一条条大路通往郊区，所到之处均是新造的人工林，但是也有很多建筑物被原样保存了下来，住的北京饭店还是保持着当初的风姿，每一处都充满了回忆。

三

1979年1月底，在新日铁会长稻山嘉宽的推荐下，大来和日本综合研究开发机构理事长向坂正男、日本兴业银行调查部副部长小林实一行三人抵达北京。

迎接他的正是时任国务院副总理的谷牧。当时的中国，刚刚在十一届三中全会上提出要实现农业、工业、国防、科学技术的四个现代化，制定了十年的发展计划。但是要恢复国民经济，中国还必须向外国学习。就在很多人还在犹豫究竟应该向谁学习时，邓小平给出了这样的回答："我们要向日本学习的地方很多，也会借助于日本的科学技术甚至资金。"

于是，就在大来抵达的次日，在钓鱼台国宾馆举办了主题为"中国经济与日本经验"的讲座，讲授当时世界经济的状况。五百多名政府官员和经济研究领域的相关学者聆听了这次讲座，一部分内部资料记录下了这次讲座的内容。

大来分析了战后日本经济增长的原因：大量引进最新技术，拥有训练有素的工人，提升技术和管理水平，提高生产效率。由此积累了日本经济成长的资本，促进了进一步投资，形成了良性循环。大来打破了社会主义的"禁忌"，阐述了中国引进市场经济原理的必要性。大来还接着指出，从目前状况来看，中国今后极有可能陷入资金的匮乏，其根据是中国指望靠资源来获取外汇，但在资源问题上中国存在错误的认识。大来还指出，中国的资源若按照人均计算的话，绝非资源丰富的国家。

习惯了吃"大锅饭"、集体主义，对于"人均"这样的概念，当时的中国人完全没听说过，直到听完大来的讲演，大家才恍然大悟，也深受冲击。为解决资本问题，大来建议接受日本政府的日元贷款以及外国的资金援助。然而，当时的中国对于引进外国资本深怀戒备之心。

在过去，中国曾非常自豪地宣称：中国是世界上唯一一个既无内债也无外债的国家。如果接受外国政府的开发援助，可能意味着中国将再次沦为殖民地。并且在当时的中国，有一部分人一直坚持认为：韩国等国家接受了外国政府的援助，不就是殖民地嘛！大来为此反复解释，韩国并未成为日本的殖民地，也未成为美国的殖民地，逐渐扭转了中国人的意识。

谷牧在回忆录中回忆说，大来的讲座是我国政府官员接受的第一次世界经济教育，是解放思想的重要启蒙。大来的讲座内容当然也被呈送给邓小平。邓小平表示："日本学者们的意见非常好，制定长期计划时应考虑这些意见。"

同年10月，应中方邀请，三人再次到访北京。此次中方为了听取三人对中国发展的实际感想和建议，特意安排他们去了上海的汽车、机械、纤维等制造工厂，还去参观了宝山钢铁厂。三人印象最深的是此时中国的工业生产依旧几乎全部依靠人工，生产效率非常低下。对此，大来提出：中国要实现工业现代化，就必须系统发展机械工业，振兴出口。

大来的讲座和建议对中国经济决策产生了很大的影响。此后，中国便开始大胆转向了市场经济。尽管中国老百姓对此存在很大的抗拒心理，但是要想推进改革开放，就必须学习日本经验。

1979年9月1日，时任国务院副总理的谷牧访日，接受了大来的建议，与日本政府商讨资金合作。

接待谷牧的正是7年前恢复中日邦交时担任外务大臣的大平正芳首相，大平一直在摸索通过强化中日经济交流来巩固两国关系。大平曾称：中国和日本的关系就是"年三十"和"大年初一"的关系，虽然只有一天之差，但是稍有疏忽可能就是364天之差。

在日期间，谷牧副总理在其发表的演说中提到，日本拥有先进的技术、高度成熟的管理经验，中国应该向日本学习。

学习日本，这是中国推进改革开放的重大决断。而这点当时就连谷牧副总理的家人都难以接受。当电视上转播谷牧访日的情况时，谷牧副总理的母亲看着电视里飘扬的日本国旗，拄着拐棍一边敲打着地板，一边连哭带骂"汉奸、汉奸"。对于当时的中国人来说，日本国旗唤醒了太多中国人对于过去的苦难记忆。

谷牧访日三个月后，第二次大平内阁成立，在就职演讲中，大平首相表态要重视对中关系。

大平重视中日关系是有其特殊的背景的。1938年12月，日本军部和外务省围绕对华外交问题形成尖锐对立，为协调双方在中国"一致"行动，近卫内阁成立了由各部门负责人共同参与的兴亚院。翌年6月，受大藏省委派，大平被调至设在张家口的联络部担任蒙疆联络部经济科科长。

行前，大藏次官曾交代说："张家口就是一张白纸，无论是财政还是经济都有足够的自由裁量。"但是，大平抵达当地后才发现，陆军司令部对当地拥有至高的行政权力，根本不是想象中的权力空白区。大平的到来，反倒被视为给陆军添了个麻烦，是军队的累赘。在将近两年的时间里，他亲眼见证了陆军在中国犯下的种种恶行。

第二次大平内阁成立后，日本国内针对出资援助中国争论不休，都在讨论政府层面的资金援助是否可以认为是战后对中国的战争赔偿。而为了积极推动对中国的资金援助，此时大平起用的外务大臣正是担任中方顾问的大来佐武郎。

大来战前在兴亚院时就与大平相识，曾在一起畅谈日本的未来。大来在就任外务大臣的当天发表了演说，提及日本政府将向中国提供高达500亿日元的资金援助。他宣布对中国的借款无附加条件，这意味着日本对援助物资的分配不设任何限制。

改革开放距今已经过去了40年，在2018年12月18日，中国在纪念改革开放40周年的大会上，向10位国际友人颁发了中国改革友谊奖章。大平正芳作为"推动中日邦交正常化、支持中国改革开放的政治家"获颁奖章。大来佐武郎虽未获表彰，但是作为中国高层的市场经济启蒙专家，同样为中国的改革开放做出了杰出的贡献。

中国改革友谊奖章获得者:日本前首相大平正芳

1980年7月9日,正值梅雨时节,东京的上空,雨飘飘洒洒,像是上天的眼泪。武道馆里,白色的菊、深红的康乃馨、碧绿的杉叶点缀在金字塔形的祭坛周围,连空气中都散发着淡淡的花香,这里正在举行着一场战后日本最隆重的葬礼。东京警视厅为此动员了最大规模的一万两千多名警力,在从机场到东京的高速路、武道馆周边的高楼上,随处都可以看到负责戒严的警察。而出席这场葬礼的,有时任中华人民共和国国务院总理华国锋、美国总统卡特等国家、国际组织的领导人或代表。[①] 这是哪位重要人物的葬礼呢?他,就是大平正芳。

一

大平正芳1910年出生在香川县丰滨町一户农家。其父亲虽没什么像样的学历,但是擅长书写,精通和、汉典籍。大平正芳经常可以看到有不同颜色的纸条贴在家中各类书籍的不同位置,那是父亲的笔记或者疑惑之处。尽管家里藏书不少,却并不能靠此养家。家里主要的收入还是靠种植麦、稻等。而对于有六个孩子的大平家来说,靠种植养家显然并不轻松。大平从小就下田,对插秧、除草、割稻等样样精通,家里放牛的活也由他承包。大平的童年,是在田野里嬉戏,在山上采摘松茸、竹笋,在海水浴和钓鱼中度过的。

中学四年级时大平曾患过一次严重的伤寒,四个月的时间里一直都徘徊在生死的边缘。经历九死一生,大平虽然活了下来,但是在他生病期间昼夜守护在病床边的父亲却不幸于翌年患胃溃疡去世。比他只长一岁的兄长继承

---

① 日本首相大平正芳葬礼在东京隆重举行[N].人民日报,1980-07-10(06).

家业，以年幼的肩膀担负起抚养几个弟弟妹妹的重任。

考虑到家境窘迫，没有经济能力继续升学，中学毕业时，大平参加了海军兵学校的考试，很遗憾因体检不合格而不得不放弃。他本想去读师范学校，但在叔母的建议下，最终选择入读高松高等商业学校。

1932年，大平顺利从高松高商毕业，原计划进入东京商科大学（现一桥大学）继续读书。母亲却考虑到家计，早已拜托同村在四国水力任职的前辈为他找了一份工作。但是由于当时经济不景气，当年四国水力未录新人，而在等待过程中大平也最终错过了大学的入学时机。第二年，在坂出市镰田共济会和高松市香川县育英会的学费贷款资助下，大平正芳进入了东京商科大学。

二

一桥大学虽然属单科大学，学校规模较小，但在近代日本历史上，一桥给日本实业界、政界、学界、教育界、文化界等输送了大量的人才。大平在一桥读大三时，顺利通过了高等文官行政测试。1936年，一桥毕业后进入大藏省。

1938年6月，大平被任命为仙台税务监督局间税部长。一年后的一天，大平突然被大藏次官大野龙太及秘书科长山际正道要求赴京。翌日，当大平急匆匆地赶至大藏府时，大野却心平气和地邀请大平中午一起到外面进餐，边吃边聊。当天中午，大野告诉大平，内阁欲在占领区设"兴亚院"，并在东京设本部，在北京、上海、张家口、厦门四个地方设联络部，由大藏省派遣人员赴任，想派大平去张家口。同时还向年轻的大平说教道："如果大平赴该地，将可以行使像大藏大臣一样的权力，按自己的裁量给张家口这张白纸涂上颜色。"

大平有点懵，不知道该如何回复，考虑到家人等情况，提出宽限两三天后再决定。当天在回家的路上，大平在书店买了张中国地图，并对中国内蒙古的状况进行了简单的调查，知道了在北京东西两侧有天津、张家口，好像距离北京也并不是很远。加之大平在北京有很多朋友，周末也可以见面共欢。抱着这样单纯的想法，第二天大平便到大藏省府邸接受了这份工作。

但是大平抵达张家口后才发现，所见与所闻差距太大。映入眼帘的张家口，没有一棵树，纯粹的泥土街道，夏天虽然凉快，冬天也特别冷。饮用水的硬度能达到14、15度，最要命的是还时不时有毒蝎出没。不仅环境恶劣，自己的同伴也并不好相处。

该地是乌兰巴托连接北京的交通要道，政治、军事意义重大。正因如此，日本陆军早已派遣驻蒙军驻扎该地，并在该军队的支持下，扶植起伪蒙疆联合自治政府，由德王担任政府主席，日本人金井章次担任最高顾问，陆军中将酒井隆担任兴亚院联络部长官。尽管有伪政权存在，但是实权却牢牢掌握在当地驻军司令部手中，司令部的尉官、佐官等参谋都肆意弄权，所以之前大藏次官所谓像白纸上色一样之工作，不但无丝毫机会，甚至被当地驻军及伪政权视为"麻烦"，冷嘲热讽其"为什么而来"。

作为蒙疆联络部经济科科长的大平，在几年的任职期间，亲眼见证了日本在内蒙古的所作所为，如同其在东北、华北、华南等占领区一样，通过侵略与掠夺攫取了巨额财富。

三

1940年10月，大平被调回兴亚院本部经济部，返回东京，两年后再次调回大藏省，之后在大藏省迎来了日本的战败。战后，大平曾先后担任大藏省薪金局第三课长、经济安定本部建设局公共事业课长。1949年第三次吉田内阁成立，池田勇人出任大藏大臣，大平任大藏大臣秘书官。1952年10月，在战后解除公职追放后的首次大选中，大平当选众议院议员，正式进入政界。1960年第一次池田内阁成立，大平出任内阁官房长官，两年后内阁改造，大平出任外务大臣。

1972年7月田中角荣内阁成立后，大平再次出任外务大臣。田中在竞选前就打出要实现"中日邦交正常化"的口号，在其组阁前夕，就派自民党的伙伴公明党访问中国。7月2日，中日友好协会代表团与公明党代表团发表联合公报，公报中提出了实现中日邦交正常化的三原则：一、世界上只有一个中国，中华人民共和国政府是代表中国人民的唯一合法政府。坚决反对制造"两个中国""一个中国、一个台湾"的阴谋；二、台湾是中国的一个省，是中国领土不可分割的一部分。台湾问题是中国的内政问题。坚决反对"台湾地位未定论"；三、"日华和平条约"是非法的，必须予以废除。

田中组阁后，大平正芳外相在第一次内阁会议后的记者招待会上称：田中内阁最大的课题就是中日邦交正常化。中国方面周恩来总理获悉后当即表示欢迎。7月18日，大平又尝试通过中日备忘录贸易办事处驻东京联络处进行官方的公开接触，这比之前的民间渠道或在野党渠道前进了一大步。8月15日，中方访日的孙平化、肖向前与田中、大平在东京帝国饭店举行会谈。会上，田中正式接受周恩来总理的邀请，决定出访中国。

为了解美国对于中日恢复邦交的态度，9月1日，田中与大平赴美国夏威夷，出席了日美首脑会谈。与美国约定继续坚持日美安保体制的同时，向美方提出恢复中日邦交的打算。美国方面没有表示明确的反对，也没有表示积极的支持。这对日本来说，已经足够了。

返回日本后，大平就一直在留意中国方面对日美会谈的态度。因为之前，中国对日美安保体制始终坚持激烈批判的态度，如果此次中国仍然反应非常强烈的话，中日邦交正常化的交涉恐怕很难进行。但是等了一段时间，中国方面并没有什么特别的反应。大平觉得是时候着手推进中日邦交正常化了。

此时的中国，已经于前一年10月恢复了在联合国的合法权利，重返联合国。中方对于日本的日美安保体制也给予一定的理解。中日邦交正常化交涉开始后，困难似乎更多地集中在技术层面。如何在这两者间取得平衡，求同存异，需要当政者的大智慧。1972年9月21日，中日两国同时发布了"田中首相应周恩来总理邀请，为交涉、解决中日邦交正常化，将于25日至30日对中国正式友好访问"消息。至此，田中首相与大平外相访问中国的行程正式确定，此时距离田中内阁成立才刚刚过去两个多月。

而在日本国内，反对势力的声音也与日高涨，大平的家里不断收到威胁信之类的东西。出发访问中国前，大平给自己写下了遗书，一方面他担心哪天被国内的反对势力刺杀，另一方面担心中国之行的交涉是否顺利。若交涉失败，自己将很可能再难返回日本，而若交涉成功，又很难预料国内反对势力将采取何种行动——他为自己做了最坏的打算。

9月25日，当田中、大平乘坐的专机降落在北京机场时，映入他们眼帘的是迎风飘扬的中日两国国旗，周恩来总理亲自到机场迎接。

随后的交涉中双方争执不断。在时任翻译周斌的《大平正芳印象》一文中，有一段关于大平与当时的外交部长姬鹏飞的交谈：

"姬部长，我和你同岁，都在为自己的政府不断争论。我们双方首先看重的，都是维护自己国家和国民的利益。想来想去，我觉得，现在问题的焦点和要害，在于如何看待那场战争。坦率地说，我个人是同意贵方观点的，我大学毕业进大藏省工作后，曾受命到张家口及其附近地区做社会、经济调查，为期一年十个月。那是战争最惨烈的时期。我亲眼所见的战争，明明白白是日本对中国的侵略战争，可以说不存在任何辩解的理由。但是，我现在只能站在日本政府外务大臣的立场上说话。考虑到日本当前面临的世界形势，加上又与美国结成的同盟关系，两国政府的联合声明，完全按照中方要求来表述，实在是太难太难了。这一点如果得不到贵方理解，那我们只能收拾行李回日本了。"

"田中首相在战争后期也被征兵，到过牡丹江，不久就患病被送进了陆军医院治疗，他没有打过一枪战争便结束了。但他也熟知那场战争，观点同我一样。"

"虽然不能全部满足中方要求，但我们愿意做出最大限度让步。没有这种思想准备，我们是不会来中国的。既然来了，我们就会豁出自己的政治生命，以至肉身生命来干的。如果这次谈判达不成协议，田中和我都难于返回日本。右派会大吵大闹，兴风作浪，党内也会出现反对呼声。田中和我都是下了决心的，这些都请你如实报告周总理。"

就是秉着这样坦诚的态度，之后中日两国以信为本、敞开胸襟交换了意见，经过几轮的交涉，在重大的原则上取得了一致意见。之后由两国外交部长起草、拟定了相关文件。9月29日，两国签署联合声明，正式恢复邦交。

当天，大平还提笔作诗一首，以示纪念。

　　　　长城延延六千里，汲尽苍生苦汗泉。
　　　　始皇坚信诚内泰，不知抵抗在民心。
　　　　山容城壁默不语，荣枯盛衰凡如梦。

至此，战后中日间最大的问题顺利解决。

四

1974年1月，大平作为外相再次访问中国，就中日航空协定与中国进行交涉。中日恢复邦交以来，基于联合声明，日本承认台湾为中国的一部分。但是回国之后的大平遭到了一部分自民党内议员的猛烈批评。当年3月，大平在致时任中国外交部长姬鹏飞的亲笔信中写道：为使中日航空协定早日签署，我赌上自己的政治生命，锐意努力。在中日双方的努力下，当年 4 月 20 日，中日航空协定顺利签署，同年 9 月，中日航线正式开通。

1978 年 12 月，大平被选为第九任自民党总裁，之后担任日本第 68 任内阁总理。翌年 12 月，大平即决定接受中国邀请，正式访问中国。1979 年 11 月，为迎接即将到访的大平，中国方面举行了写真展、电影展播等活动，向民众传递日本制度体系、最新技术等，试图转变中国民众对日本的传统印象。这是自抗战结束以来的第一次。

而大平此次访问中国带来的礼物也非常丰厚。为纪念中日友好，日本将投资六千万美元援建包括全部现代设备、能够容纳数千床位的大型综合医院。同时，为支援中国的改革开放、现代化建设，日本决定向中国提供长期无任何附加条件的低息贷款和一定的无偿援助（当时约定总额达 15 亿美元，该项贷款实际一直持续至 2008 年，总额高达 300 亿美元）。将首次提供 500 亿日元的借款用于港口、铁道、水力发电等设施的建设。对于改革开放初期的中国来说，这些援助无疑是雪中送炭。此外，大平还和华国锋总理、邓小平副总理等就中国的改革开放、四个现代化建设、小康社会等进行了详细的讨论。

1984 年 3 月 25 日，邓小平在会见日本首相中曾根康弘时说："这个小康社会，叫作中国式的现代化，翻两番、小康社会、中国式的现代化，这些都是我们的新概念。"这些都是在和大平首相的谈话中形成的。1988 年 8 月 26 日，邓小平会见日本首相竹下登。在回顾小康目标的提出时，邓小平指出："提到这件事，我怀念大平先生。我们提出在本世纪内翻两番，是在他的启发下确定的。"大平先生为中国的改革开放做出了巨大的贡献。正是基于此，2018 年 12 月 18 日，党中央、国务院授予大平正芳中国改革友谊奖章。

在 1978 年邓小平访日后，中国国内掀起了日语学习的热潮，希望通过学习语言，进一步学习日本发达的科学技术，为我国现代化建设储备必要的人才。为此，大平在此次来访中，还与中国签署了文化交流协定，日本决定拿出 10 亿日元作为国际交流基金，在此后的 5 年间为中国培养 600 名日语教师。

1980 年起，中日双方在北京语言学院（现北京外国语大学）正式设立"全国日语教师培训班"，此即北京日本学研究中心的前身。而为纪念这位日本首相，该项目也被亲切地称为"大平班""大平学校"，这是中日间迄今唯一一个以人名称呼的合作项目。此后 5 年间，日本共计派遣 91 名专家来中国亲自讲授相关日语课程，学员则来自中国国内的 160 多所高校，这些人中有很多后来成长为相关院校的日语系部主任、院长，有些甚至成长为校长，正是他们支撑起了后来中国日语教育的一片蓝天。也正因此，"大平班"后来被誉为中国日语教育的"黄埔军校"。

大平首相曾说："仅仅建立在追求经济利益之上的友好形同砂上楼阁，人与人之间只有心心相印才会结成真正的友好关系。"而对日语的学习，无疑可以更进一步增进彼此间的理解。

1985年，这一为期5年的援助项目顺利结束，鉴于其良好的效果，中国教育部与日本国际交流基金会合作成立"北京日本学研究中心"。时任中国国家教委副主任的彭珮云女士曾评价说："'大平班'是中日友好的结晶，向为实施这一项目做出努力的日本政府、外务省以及国际交流基金表示感谢。"曾在北京的日本大使馆负责"大平班"项目的小宫山猛，在1985年秋谈到"大平班"时也说："我从事了将近29年的文化交流事业，我不知道是否还有比这更有成果的事业。'大平班'的业绩将在日中文化交流史上熠熠生辉。我确信，'大平班'为面向21世纪的日中文化交流做出了巨大的贡献。"

"大平班"，包括后来的北京日本学研究中心，不仅为我国的教育、科研、对外交流事业输送了大量人才，为我国现代化建设和发展做出了巨大的贡献，也为中日文化交流和中日关系做出了重要贡献。

1980年5月11日，大平结束了行程达五万公里、为期十二天的首脑外交，拖着疲惫的身躯回到了日本。但是日本国内的政治斗争正酣。16日，国会通过了对他领导的政府的不信任案，大平决定解散两院，重新大选。5月30日，参议院选举拉开大幕，大平身先士卒，出现在宣传车上。上午的演说刚刚结束，大平便出现身体不适，但还是选择了坚持。当天结束五处宣传演说之后，大平回到官邸，早已等候的医师立即对其进行了检查，怀疑为狭心症或心肌梗死，当天晚上立即入院治疗。其间大平病情虽然好转，甚至还举行了记者招待会，准备6月17日出发参加即将举行的主要发达国家首脑峰会，但就在6月12日凌晨，大平突发心肌梗死离世。

7月9日，日本政府与自民党联合举行了葬礼，来自全世界一百多个国家的领导人及代表出席了葬礼。当天葬礼结束后，中国国务院总理华国锋、美国总统卡特等还亲自去大平家表示悼意。在签名本上，华总理郑重写下了"大平首相为中日友好关系的发展做出了卓越的贡献，中国人民永远怀念他"。

参考文献：

[1]（日）大平正芳. 我的履历书［M］. 辛华，雅飞，译. 北京：北京

出版社，1979.

［2］大平正芳回想录刊行会．大平正芳回想录追想编［M］．大平正芳回想录刊行会，1982.

［3］大平正芳回想录刊行会．大平正芳回想录［M］．东京：鹿岛出版会，1984.

［4］大平正芳回想录刊行会．大平正芳回想录传记编［M］．大平正芳回想录刊行会，1983.

［5］日本大平正芳纪念财团．大平正芳的政治遗产［M］．北京：中央文献出版社，1995.

从抗日斗士到可耻汉奸：报人陈彬龢之人生传奇

说到陈彬龢这个名字，恐怕现在知道的人已经无多。但是在20世纪三四十年代，他可是个风云人物，曾经"红极一时"。他曾对日本的侵华政策口诛笔伐，并亲自主编了民国时期第一份专业的日本研究杂志——《日本研究》，致力于研究日本。他面向全国中小学生主编出版的《日本故事集》，甚至成为民国时期中国各地中小学的必读书籍，不但引起全国范围内的轰动，而且一度引起日本的关注。他曾经担任过当时中国第一大报——《申报》的主笔，大力改革《申报》社论，成为报馆里的红人。他曾在《申报》上连续发表三篇著名的时评，论"剿匪"与"造匪"，引起蒋介石的震怒，导致《申报》一度被禁止邮递。上海沦陷后，他又在日本人的支持下，出任伪《申报》社长，主导了上海沦陷区的舆论，成了人人得而诛之的卖国大汉奸。

关于陈彬龢复杂的人生，有人说他"不学有术"①，有人说他"一半是斗士，一半是汉奸"②，也有人说他是个谜③。

一

陈彬龢于1897年出生于江苏吴县（现苏州市吴中区、相城区）。陈彬龢家境并不好，"父亲在那年（公元1907前）夏天死了，那时我在苏州元和高等小学读书，离毕业只有半年，因为家境困难便中途停学了"④。辍学之后，陈彬龢最初打算做个学徒，养家糊口。恰好他母亲的一位亲戚来吊丧，见其

---

① 蔡登山. 不学有"术"的陈彬龢 [J]. 书城，2009 (8).
② 张功臣. 民国报人：新闻史上隐秘一页 [M]. 济南：山东画报出版社，2010.
③ 陈正卿. 伪申报社长陈彬龢之谜 [N]. 作家文摘报，2012-7-10.
④ 陈彬龢. 读书经验：如何读书 [J]. 读书生活，1934 (1)：57-60.

生活艰难，就带他去自己在上海经营的大陆转运公司开始了学徒生活。两个月后，陈彬龢感觉学不到什么本领，正好也因搬运货物伤了脚，于是便逃回了苏州。①

回到苏州后，元和高小校长潘振霄免去他的一切费用，陈彬龢得以重返校园，同时，他利用每天课暇做两小时的工作，抄写讲义或油印讲义。毕业后，他仍然在学校服务了一年。②

1914年，陈彬龢十八岁时，由母亲介绍，入哈同花园仓圣明智小学教书。当初说好担任算学、英文等科目教师，月薪五元，一位范姓教务长故意刁难，让他教授国文课，讲授他从未学习过的《孝经》。陈彬龢虽然未学过《孝经》，但为了生计，只能勉为其难了。范姓教务长时常来监督他上课，每当有读错字音或解释有误时，便横加指责。后来有幸认识了两位同事，张占先先生和后来担任中央大学国学系教授的胡小石先生，在他们的指导下，他读懂了《孝经》。③

1917年，陈彬龢在哈同花园认识了喻志韶。喻志韶（1857—1940），名长霖，浙江黄岩人，是光绪廿一年（1895）的榜眼，授翰林院编修、国史馆协修、武英殿和功臣馆纂修，后任清宗室觉罗八旗第三学堂提调、八旗高等师范学堂国文教习、译学馆伦理教习。光绪三十三年（1907）八月，任两浙师范学堂监督。十二月，受翰林院派遣，赴日本考察学务，次年五月返回。宣统元年（公元1909年），任实录馆纂修。次年六月，任京师女子师范学校总理。资政院成立后，选为硕学通儒议员，授四品衔。喻志韶其时因病借住在哈同花园修养，陈彬龢因此借机经常与他来往。喻志韶经常好意劝说，让陈彬龢多读点古书。后来，喻志韶被聘为浙江通志局提调，陈彬龢也因受不住哈同花园买办兼仓圣学校校长之侮辱而辞职。之后，他在喻志韶的关照下，到通志局做书记，后来升任校对。在此期间，他利用浙江图书馆之便利条件，跟随喻志韶读了许多古书。他在此也见到了很多碑帖，于是三年中无一日间断地专心学习写字。他曾写过钟鼎、小篆、隶书等，为以后出色的书法奠定了坚实的基础。在此他还结识了很多前清举人、进士、翰林等，也曾经有机会向沈子培、康南海、朱古微、李梅菴等请教学问。陈彬龢认为此时的自己

---

① 陈彬龢. 读书经验：如何读书[J]. 读书生活，1934（1）：57.
② 陈彬龢. 读书经验：如何读书[J]. 读书生活，1934（1）：57.
③ 陈彬龢. 读书经验：如何读书[J]. 读书生活，1934（1）：58.

"极端复古，非古书不读，非古字不写"①。

在浙江通志局工作期间，在喻志韶的鼓励下，陈彬龢投考了之江大学。时值新文化运动崛起，学校里经常会有各种演说、辩论，讨论当时的各种问题。每当此时，他必定站在反对的立场上。这点陈彬龢后来自己都有所反省，认为背历史潮流者，注定是失败的。②

1921年③，陈彬龢在北平认识了陈垣。此时，陈垣创办了一所平民中学，自任校长，约陈彬龢出任学监，于是他又借机跟随陈垣读了三年的书，学到了很多搜集资料和读书的方法。陈彬龢认为这是他读书以来最有进步的阶段。④

陈垣是我国近代著名的史学家、宗教史学家、教育家，在宗教、元史、校勘、辑佚、年代学等方面都有创造性的成就。陈彬龢在《读书经验：读书方法》中将陈垣先生的治学方法归结为：广博、精细、不苟且、不说空话、事事都有来历，事事持之以恒。陈垣在燕京大学讲授中国基督教史、道教史等课程时，陈彬龢曾做过旁听生，并且负责搜集和抄写上课前要发给学生的资料、讲义。陈垣先生不怕辛苦，非常严格，陈彬龢也时常跟着他整日整夜地做事，哪怕写错一个字都要重新写过。陈彬龢认为陈垣先生是当时国内最精细的学者，他能发现一切古书上的错误。

平民中学后来停办，陈彬龢又受张伯苓的邀请入南开大学教书，他虽知自己学力不济，但抵不住好胜的心理，在惊喜疑惧中贸然应承下来。此后，学生反映其英语课不好，陈彬龢遂调转方向，任南开大学总务长。中俄大学成立后又转任中俄大学总务长。中俄大学是在原外交部俄文法政大学基础上开办的，校址设在西城东总布胡同，原俄文法专校长徐谦出任校长，是张西

---

① 陈彬龢. 读书经验：如何读书[J]. 读书生活，1934（1）：58. 关于这段时期陈彬龢的经历，张功臣在《民国报人：新闻史上的隐秘一页》中写道："他的履历出现空白（一说他去了日本，入东京美术学校就读）。"蔡登山则在《不学有"术"的陈彬龢》中写道："他母亲经过多方请托，才将他弄进哈同花园，当上南学部初小一年级的国文教员，因此他得识前来担任中学部国文教员的金石家胡小石，更因此认识了中国第一流学者沈曾植、朱祖谋、王国维等人。"
② 胡山源认为，陈彬龢是得到黄炎培的介绍去投考之江大学的，而且因其中英文功底很差，只是插入了该校附中三年级就读。参见：胡山源. 文坛管窥——和我有过往来的文人[M]. 上海：上海古籍出版社，2000：58.
③ 关于陈彬龢去北平的时间，蔡登山在《不学有"术"的陈彬龢》中认为是1924年，而根据陈彬龢在《读书经验：如何读书》中的自述，时间当为1921年。
④ 陈彬龢. 读书经验：如何读书[J]. 读书生活，1934（1）：59.

曼利用苏俄政府放弃的庚子赔款创办的。

1926年，"三一八"惨案发生。段祺瑞政府下令通缉所谓的五名暴徒首领，另外还通过《京报》公布了所谓的第二份通缉名单。《鲁迅文集·而已集·大衍发微》收录了这批通缉名单，陈彬龢排三十一位——"陈彬和（江苏），前平民中学教务长，前天津南开学校总务长，现中俄大学总务长。"受到通缉的陈彬龢被迫逃离北平，回到上海的他又认识了马相伯，而且交往非常频繁，"过去的八年中间，每月我必访问老先生多次"。①

二

1918年，顾颉刚应王伯祥、叶圣陶的邀请赴当时的吴中县小住，游览了位于当地甪直的保圣寺。1922年，顾颉刚再次到访，发现保圣寺大殿部分已经坍塌，随即写信呼吁保护。1923年，顾颉刚撰写《记杨惠之塑罗汉像——为一千年前的美术品呼救》一文。② 1924年，该文又以《杨惠之的塑像（二）》为名，发表在《小说月报》上③，引起巨大的反响。陈彬龢也关注到此事，他将刊有顾颉刚文章的《小说月报》寄给日本东京美术学校的大村西崖教授。1926年，大村西崖回陈彬龢云："鄙人拟于四五月之交，重游燕京，观故宫博物院，并南下访甪角镇惠之之遗迹，为之摄影……"④ 大村西崖于1926年在甪直详细考察拍照后，回国写成《吴郡奇迹：塑壁残影》一书，在日本引起了很大的轰动。此事也引起北洋政府交通总长叶恭绰的注意，1928年，曾专函邀请陈彬龢同游吴郡。

大村归国后，陈彬龢开始着手翻译大村所著之《中国美术史》，该书由曾任北京美术学校校长的陈延龄作序，1928年在商务印书馆出版。至今仍为美术界经典之作，不断再版。

1928年，济南惨案对陈彬龢的影响很大，促使他下定决心研究日本。他

---

① 陈彬龢. 读书经验：如何读书［J］. 读书生活，1934（1）：59.
② 顾颉刚. 记杨惠之塑罗汉像：为一千年钱的美术品呼救［J］. 努力周报，1923（59）.
③ 顾颉刚. 杨惠之的塑像（二）［J］. 小说月报（1910），1924（1）.
④ 大村西崖. 中国美术史［M］. 陈彬龢，译. 北京：商务印书馆. 1930：3. 陈彬龢. 保存唐塑运动之经过［J］. 国立第一中山大学语言历史学研究所周刊，1929（70）：14.

专门编著《日本研究》① 一书，悼念在惨案中惨死之官员军民。该书引用戴季陶《日本论》中"中国人研究日本问题的必要"作为序言，并且在序中讲道："编者（陈彬龢本人）对于日本问题极有研究的兴趣的，自从五三济南事件发生后，更下了一个决心：此后最少限度，在十年中间要将大部分的精神和时间用来研究各项日本问题，贡献于国人之前。"②

1929 年，陈彬龢应邀赴上海东亚同文书院讲演，共分四次讲完。讲稿以《日本思想界的危机》③ 为题，由江汇益笔记，发表在《新纪元周报》上。演讲中，陈彬龢指出，国与国间的误会和冲突，全由于隔阂，如果在国际交往中能够完全互相认识与谅解，则四海一家，利害相同。可以看出，陈彬龢此时，对于中日间冲突原因的认识是两国之间相互认识不够，不能够达成谅解。他对日本帝国主义侵略扩张的本质尚未有足够的认识。

1930 年，由陈彬龢和陈乐素主编的《日本研究》创刊。陈乐素是前述著名历史学家陈垣之子，曾留学日本明治大学，1923 年归国。《日本研究》创刊号由马相伯题写封面，它是国内第一份专门的日本研究杂志，每期卷头均刊有当时国内各方知名人士题词、撰文或谈论，如马相伯、蔡元培、张伯苓等。通过这些题词，一方面反映出当时国内对于《日本研究》的态度，另一方面也可以看出陈彬龢的交际圈。《日本研究》正如创刊号"卷头语"中所写："我们对于这种因受欺压凌辱而起的愤慨，当然十二分的表同情，但是，同时对于这种躁薄的自蒙眼睛，自塞耳朵的态度，很希望我们能快些除去。"④ 主张以客观的方法，致力于去除中国民众蒙蔽自傲的对日态度，开启了民国日本研究的序幕。

陈彬龢在致力于办好《日本研究》的同时，深感《日本研究》性质专门，非一般中小学生所能明了。鉴于"日本政府一面令学校悬挂吾国（中国）地图，教授支那读本、满蒙读本，吾国历史、地理研精究极，孜孜不倦；一面派人调查我国，又有程度较高之学生，多分班次，冒险深入内地。其处心

---

① 陈彬龢. 日本研究 [M]. 上海：上海基督教徒济案后援会，1928.
② 陈彬龢. 日本研究 [M]. 上海：上海基督教徒济案后援会，1928.
③ 陈彬龢. 日本思想界的危机（讲演）；江汇益（笔记）[J]. 新纪元周报，1929（8）：12-15；日本思想界之危机（续）[J]. 新纪元周报，1929（10）：27-33.
④ 陈彬龢. 卷头语 [J]. 日本研究，1930（1）：1.

积虑以谋人国,可惧可佩"①,他又以中小学生为对象,特编辑《日本故事》一书,该书"对于日本之长处极力表扬,日本帝国主义前途之危机,加以说明,尤其关于日本历年来给我国之重创,尽量提出,使读者觉醒"。② 民国政府教育部批示该书:查核内容,尚属简明,切合实用……并推广全国,作为全国公私立中小学生的补充读物。该书推广后,引起了日本方面的恐慌,时驻中国的日本大使馆参事矢野于当年十一月特意将此事上报日本外务大臣币原喜重郎。③

三

1931年,由黄炎培介绍,陈彬龢进入了《申报》馆,不久就被史量才聘为总编辑,主持《申报》社论工作。陈彬龢的评论不仅数量丰富,而且能切中要紧,敢言人之所不敢言者。"迨入本馆后,日课一评,凡关政治、教育、社会上一切重要问题,无不穷究其本源,阐发其义理,所言皆为人之所欲言而又不能言之者。"④

事实也的确如此,自从陈彬龢进入《申报》馆主持社论以来,一扫以前不痛不痒的社论风格,令《申报》社论耳目一新,社会反响非常强烈,"一时成了风靡全国的冠盖时评"。⑤ 其影响之大,从《申报》发行量激增也可以看出。刘永生参考《申报概况》资料,指出1932年上半年《申报》发行量急剧增加,数量达到190 200份,创造了《申报》存续期间的最高发行纪录。而其中原因之一就是《申报》敢言其他报刊所不敢言,代表了大众的心声。⑥ 这虽然不是陈彬龢一个人的原因,但他在其中所做出的贡献却是不容忽视的。

---

① 令县属公私立小学校奉教育厅令采用日本研究月刊社所编之日本故事一书以资考镜案 [J]. 南海县政季报, 1930 (5): 201.
② 令县属公私立小学校奉教育厅令采用日本研究月刊社所编之日本故事一书以资考镜案 [J]. 南海县政季报, 1930 (5): 201.
③ 「外国学校関係雑件/中国ノ部 第二巻 7. 日本研究月刊社発行日本故事ヲ中小学校課外読本トシテ採用方」JACAR(アジア歴史資料センター)Ref. B04012212000、外国学校関係雑件/中国ノ部 第二巻(I-1-5-0-4_1_002)(外務省外交史料館)。
④ 陈彬龢. 陈彬龢论文选 [M]. 上海: 上海申报馆, 1932: 1.
⑤ 庞荣棣. 史量才: 现代报业巨子 [M]. 上海: 上海教育出版社, 1999: 174.
⑥ 刘永生. 《申报》的对日舆论研究 [D]. 首都师范大学, 2008: 14.

不仅如此，陈彬龢还着手改革《申报》副刊"自由谈"。他先将张资平的小说予以"腰斩"，又和黎烈文一起确定方针，推行新文化运动，提高稿费，礼聘进步作家撰稿。鲁迅、茅盾等都有很多文章发表在其上。

1932年，《申报》连续刊发三篇论"剿匪"与"造匪"[1]的文章，一针见血地指出："'匪'之滋生，为由于政治之不良，与生计之穷蹙……'匪'不可以剿而绝，要当改革政治、改造农村、安宁民生、整饬军队，绝'匪'所以滋生之源。"7月3日，又刊发时评《中大学潮评论》，披露教育部长、原中山大学校长朱家骅挪用三万多元水灾捐款的丑闻。蒋介石看到后，勃然大怒，即令《申报》禁止邮递。后几经疏通，虽然可以恢复邮递，但必须接受两个条件：一、陈彬龢离开《申报》；二、接受国民党新闻检查。史量才最终只接受了第一个条件，让陈彬龢离开了《申报》馆。1933年，《社会新闻》刊载《陈彬龢与申报馆》[2]称："陈彬龢，前因言论不慎，祸延申报，致被申报馆主史量才婉言辞退。……于是设立新闻函授学院，设立流通图书馆，此皆所以位置陈氏也，故陈氏名义上虽已脱离申报，而实际上仍为申报之一员也。"此报道大体属实，陈彬龢名义上被解职之后，实际上仍在报馆工作了一段时间，直到后来"史先生实在无法招架，唯有屈服，将我解职，其时实在一九三三年冬天，距我参加《申报》，恰好三年"。[3]

而据当时有名的日本特务机构"岩井公馆"的主人岩井英一的回忆，当时岩井曾得到国民党特务机构"蓝衣社"的暗杀名单，其中有广西的李济深、李宗仁、白崇禧，广东的陈济棠，华北的冯玉祥、阎锡山，民权保障同盟的杨杏佛等。岩井考虑到其安全，曾提出愿意为其提供藏身之处。陈彬龢笑着说并无在意，而没多久，杨杏佛被杀，因形势险恶，他不得不离开上海。

1935年10月，据当时日本驻中国大使有吉向外务大臣广田弘毅的报告《关于新型小新闻早报立报发刊之件》[4]，当年7月，陈彬龢鉴于报纸大众化、小报价值上涨，创办了新型小报《早报》。该报自发刊以来，受到一般知识阶层的欢迎。在该报社中，陈彬龢任《早报》总编辑。

---

[1] 分别是1932年6月30日的《"剿匪"与"造匪"》，7月2日的《再论"剿匪"与"造匪"》，7月4日的《三论"剿匪"与"造匪"》。

[2] 陈彬龢与申报馆 [J]. 社会新闻, 1933 (22): 308.

[3] 蔡登山. 不学有"术"的陈彬龢 [J]. 书城, 2009 (8): 73.

[4] 「7 昭和10年9月30日から昭和11年10月8日」JACAR（アジア歴史資料センター）Ref. B02031047200、外国新聞、雑誌ニ関スル調査雑件 第三巻（A-3-5-0-3_003）（外務省外交史料館）。

四

七七事变前夕，陈彬龢离开上海，远走香港。据金雄白在《汪政权的开场与收场》①中记述，陈彬龢去香港后曾帮陈济棠办《港报》。在1938年《留岷谈话记》②中，陈彬龢曾自述于七七事变之前在香港发起组织了《英文太平洋文摘月刊社》，专选中、俄、日三国关于远东问题之重要论文译成英文，以表达太平洋人民之真正呼声于世人之前，所选日文作品，亦足以代表其国人之真正民意，现已出版四期，畅销欧美各国。

1937年11月6日，由香港《港报》发行、陈彬龢任主编的《战地通信》创刊。创刊号第一篇文章便是陈彬龢的《对日全面抗战答客问》。陈彬龢在文中将日本发动侵略战争的原因归结为："第一是由于国内的矛盾激化，如经济的困难、民生的穷苦；第二是中国近年来全国奋发，深感日本侵略的威胁，政治上已渐形成精诚团结的局面，建设上也渐渐踏上复兴的道路，这是日本军阀所最嫉视的。"③可见此时陈彬龢对于全面抗战仍然有比较深刻的认识。

1938年，随着近卫内阁的"不以蒋介石为对手"的声明发表，中日战争走向长期化，日本外务省为获得重庆政府相关信息，在岩井英一的建议及主导下，决定在日本驻上海总领事馆设立新的调查机构，这就是后来的"上海总领事馆特别调查班"（简称"特调班"），直属外务省本省。1938年6月，岩井赴香港，同陈彬龢进行深入交谈，希望利用陈的渠道通过广州湾、香港的渠道获得包括重庆政府在内的内地信息，得到了陈彬龢的支持承诺。翌年春，岩井派东亚同文书院第35期生小泉清一赴香港，在香港总领事馆八谷实副领事的领导下，担当与陈彬龢联络之任。通过此渠道，日本不仅获得了大量有关重庆政府的资料，还包括新疆、甘肃、云南等地的相关情报信息。特调班将这些信息及时进行整理翻译，制作成调查报告，并在此基础上定期发行《特调班月报》，为日本政府提供情报资料。

1941年12月，日军占领香港。在岩井的盛情相邀下，1942年2月，在日

---

① 金雄白．汪政权的开场与收场［M］．香港：春秋杂志社，1962：141．
② 陈彬龢．留岷谈话记［J］．战地通信，1938（20）：14．
③ 陈彬龢．对日全面抗战答客问［J］．战地通信，1937（1）：1．

本军队的护送下，陈彬龢再次返回上海，出任伪《申报》社长。① 此时他已经变成了一个彻头彻尾的汉奸。金雄白认为陈彬龢主持《申报》时期，有着极端的态度：第一，亲日。日军获得暂时性胜利时，《申报》竟破例用大字红标题为日军宣传"XX战大捷，立场甚至超过了日本人直接主办的《新申报》"。第二，反蒋。在沦陷区鲜有其例地大肆攻击蒋介石个人；第三，讽汪。对于汪政权的若干措施，加以率直的攻击与讽刺。②

金雄白所见不无道理，陈彬龢为了向日本示好，表明自己的立场，曾在《中华周报》③ 和《中央月报》上连续发表《论蒋介石》④，鲜有其例地公开声讨蒋介石。他还发表过很多为所谓的"大东亚战争"粉饰之文章，言辞卑屈，极尽汉奸之相。

随着日本战况不利，上海沦陷区各界也看清楚了日本失败已成大势所趋。陈彬龢对此也有预料，但他似乎除了积极支持日本人之外，并无更好的退路。

日本宣布投降后，陈彬龢自知重庆政府不会放过他，开始了逃亡生活。据他后来发表在《春秋》杂志上的《一个逃避汉奸罪行者的自述》⑤ 可以了解，他乔装易服，在东南各省的小城镇中漂泊三年。其间，关于他的谣言不断现诸报端，有人说他去了"共区"，有人说他逃亡蒙古。就在这样的谣传中，陈彬龢瞒天过海，成功逃过了国民政府的通缉，于1947年年底，逃到了香港。

据金雄白后来的回忆，陈彬龢逃亡香港后，也曾经有过一段风光生活。1967年，香港经济波动，陈彬龢前往日本。1970年8月30日，于日本茨城水海道厚生医院去世。⑥

五

胡山源（1897—1988），江苏江阴人，作家、文学翻译家，曾经就读于之

---

① 蔡登山. 不学有"术"的陈彬龢 [J]. 书城，2009（8）：74.
② 金雄白. 汪政权的开场与收场 [M]. 香港：春秋杂志社，1962：142.
③ 陈彬龢曾在《中华周报》1942年第8、9、10、11期上连续发表《论蒋介石》。
④ 陈彬龢. 论蒋介石 [J]. 中央月报，1942（9）：43-65.
⑤ 蔡登山. 不学有"术"的陈彬龢 [J]. 书城，2009（8）：75.
⑥ 蔡登山. 不学有"术"的陈彬龢 [J]. 书城，2009（8）：77.

江大学。胡山源曾出版《文坛管窥——与我有过往来的文人》[①]一书,以回忆的形式记录了一生中有过交往的文人,其中有一节专门记述了与陈彬龢的往来。

据胡山源回忆,他与陈彬龢在之江大学时就已经认识,但那时因大学部和中学部距离相隔较远,没有实际的交情。直到1927年,胡山源因受国民党右派排挤而失业。每天都在报纸上细阅招聘广告。一天,他看到了一则招聘编译的广告,于是,按照地址去接洽,没想到招聘者正是陈彬龢。据介绍,此时陈彬龢得到有力的后台支持,又和商务印书馆总编译王云五等有交情,著作不但出路很好,而且稿费很高,自己忙不过来,所以亟须招人。两人由此建立了密切的合作关系。此时胡山源的工作主要是帮助陈彬龢翻译英文书籍、修改别人编译的东西,也撰述论著,但署名一概为陈彬龢的名字。因为胡山源此时的作品,如果署自己名字的话不见得有人要,即使要了稿费,也很便宜。

胡山源在回忆中写道,自己主要帮忙写了以下几种:一、翻译一本很厚的英文日本通史。从日后署名陈彬龢出版的著作来看,这本书当指《日本历史大纲》,原作者为美国人哥温(Gowen),原书名为 *An Outline History of Japan*。此书署名陈彬龢译,1930年由商务印书馆出版。二、写一篇一万字光景的长文《谈谈教育》。此文当指1928年由彬彬书屋出版的署名陈彬龢著的《谈谈教育一》。三、翻译小泉八云的《日本与日本人》。此书虽最初是陈彬龢要求帮忙翻译,译出后却由胡山源自己署名卖给了商务印书馆。四、翻译《中国美术史》。据胡山源回忆,此书也由日文译出,但日文译者是谁已不记得。五、陈彬龢进入《申报》后,革新申报"自由谈"栏目,曾请胡山源写第一篇的发刊词。六、翻译《阿比西尼亚的前夕》。此书由胡山源译出后,交由陈彬龢去卖,是否出版,他不知道。在后来出版的署名为陈彬龢的著作中,尚未发现此书。

胡山源在回忆中说,除了他本人之外,宗幼泽也曾给陈彬龢提供过不少译作,如翻译了苏联的长篇小说《早恋》和一篇事实报道《鼓风炉旁四十年》。在香港时,汤建勋也给他提供过稿件。

陈彬龢在第二次返回《申报》馆时,已经受日本人操纵,出任社长一职。据胡山源回忆,《新申报》上刊载的《蒋介石论》一文,引起了上海人的极

[①] 胡山源. 文坛管窥——与我有过往来的文人[M]. 上海:上海古籍出版社,2000.

大注意。由于他与陈彬龢的关系，很多人怀疑此文出自胡山源之手。胡山源为此耿耿于怀，总想知道这篇文章究竟出自谁手，但陈彬龢却一直不曾答复。抗战胜利后，从宗幼泽那里才听说此文是由刘云舫撰写，材料是由胡汉民等人提供，此文已经先在香港发表过，后来由《新申报》重新发表。

胡山源还回忆道，自己曾为陈彬龢做过翻译，起草过信稿，写过其他稿件。他认为陈彬龢就是一个神通广大的文化贩子。

六

曾经，在日本不断蚕食侵略中国的过程中，陈彬龢下定决心研究日本，在寂静而又干涸的日本研究领域掀起波澜，声名鹊起，成为国内知名的日本问题研究专家。他创刊的《日本研究》，让所有国人都看到了他一片赤诚的抗日救国之心。不仅如此，他还通过主编的《日本故事集》把抗日救国的火种播撒在广大中小学生心中。他在《申报》上激烈的言论，不仅给《申报》赢来了一片叫好之声，也树立起自己在全国人民心中高大的抗日救国形象。也正因此，他才能和宋庆龄、吴迈、董康等一起成为"国民御侮自救会"的发起之人。

金雄白曾称陈彬龢并无什么真才实学。从陈彬龢的受教育经历来看，此言似乎也有值得斟酌之处。从陈彬龢后期的书法来看，他跟随喻志韶学习了几年的经历应当属实，那么至少他的国文功底应当还是有的。而有传言称陈彬龢的大部分文章都出自代笔，对此似乎也不可一概而论。从他毫无日语学习经验来看，怀疑他的日文翻译著作出自代笔的确也不无道理。

1928年，陈彬龢下定决心，用未来十年中的大部分时间来研究日本。直到1938年，陈彬龢的确没有间断过日本研究，而且他的日本研究还引起了社会上的强烈反响，至少在当时为他赢得了崇高的声誉。而正是在1938年，由时任日本驻上海领事馆特别调查班负责人的岩井英一发给森易参事官、并以极密电报呈送当时日本的外务大臣有田八郎之件中可以看出，陈彬龢此时已经投靠日本。岩井英一在电文中称自己一直在劝说陈彬龢，并且已经和陈彬穌约定为"建设新中国的宣传工作"全面合作并开始积极工作。①

从陈彬龢的整个人生履历来看,他的背叛似乎正印证了他"不可逆历史潮流"的反省。他顺应日本的侵略政策,做出了有悖于中国人良知的选择。而他在1929年演讲时对于中日间冲突皆由于"误会和隔阂"的解释,成了他最合适的变节借口。也许正是在这样的认识下,他从一个昔日光辉的抗日斗士变成了可耻的汉奸。

---

① JACAR（アジア歴史資料センター）Ref. B02031725700、支那事変ニ際シ支那新政府樹立関係一件/支那中央政権樹立問題（臨時維新政府合流問題連合委員会関係、呉佩孚運動及反共、反蒋救国民衆運動）第一巻（A-6-1-1-8_ 3_ 001）（外務省外交史料館）

民国时期史学家王桐龄与日本

王桐龄（1878—1953），字峄山，号碧梧，河北省任丘县人，我国现代著名历史学家。他于清末考取秀才，1902年考入京师大学堂，次年被派往日本留学。先后毕业于东京第一高等学校、东京帝国大学文学系，获文学学士学位，是我国第一个在国外攻读史学并正式毕业的学人。归国后，任教育部参事，旋入北京高等师范学校，从教40余年，桃李满天下。历任燕京大学教授、清华大学、北京大学、北平大学法学院、女子文理学院、中国大学、明德大学讲师，志成中学校长，西北大学、东南大学暑期学校讲师。

王桐龄一生四次东渡日本留学和考察。他在日本生活多年，对于日本有极其深刻的体察和认识。

一

1878年，王桐龄出生于河北省任丘县赵北口村。《留东学报》1936年第五号载有《介绍本社社员王桐龄先生略历》，其中有："王桐龄，字峄山，号碧梧，河北任丘人，前清增生。"①《中华民国名人传》也有类似记载："王桐龄，字峄山，河北任丘县人。家世业儒，少孤，治帖括业。五世从祖应鲸，为清中叶学者，长于考据，著有《朱子资治通鉴纲目注义》一书。王家有藏版，心好之，时涉猎焉。弱冠，入泮。值戊戌政变，亟欲知世界大势，始涉猎家藏旧书及译本新书。庚子变后，政府始提倡新学，王考入直隶大学堂肄业。旋升北京大学堂师范馆肄业。以成绩优良，派往日本留学……"②

---

① 介绍本社社员王桐龄先生略历[J]. 留东学报，1936（5）：129-130.
② 贾逸君. 民国名人传[M]. 北京：民主与建设出版社，2012：14.

由此可见，王桐龄出生于儒学世家，其五世从祖王应鲸为清中期的著名学者。在《大清畿辅先哲传》中，有关于王应鲸的个人传记。言其"颖异嗜书，家苦贫，取庙中断香照读，凡四子、五经皆手钞。诸儒论断，别黑白而定一尊。……中乾隆元年举人，应礼闱试，三荐不售。遂绝志进取。广搜古今书籍，积数千卷，时典衣购买，肩负以归。……所著又有前编订证五卷，易经集义二卷，春秋集义四卷，洗冤录集注四卷，闇斋文录二卷，余事诗集四卷，桐山集二卷，颜子章句一卷，子夏易考一卷，韩婴诗考一卷，群书摘锦一卷，闇斋余文一卷。"①

不难看出，王桐龄先祖王应鲸出身家境不甚好，但好读书。因其好学，曾中乾隆元年举人。王家家藏旧书也是其先祖广搜古今书籍而来，且数量可观。王桐龄从小就在这种环境中耳濡目染，对其日后学术成长也有一定的影响。

王桐龄20岁时，值戊戌政变，为了解世界形势，开始涉猎译本新书。1900年，王桐龄考入直隶大学堂，肄业。是时，由于义和团运动及八国联军入侵，北京陷入混乱。《辛丑条约》签订后，清政府迫于时变，于1902年1月下令停办的京师大学堂复校，责成张百熙为管学大臣，负责拟定学堂章程。章程历经多次修改，于当年8月奏定颁行，即《钦定学堂章程》。章程颁布实施后，京师大学堂也马上着手招生开学事宜。经10月和11月两次招考，大学堂于1902年12月17日举行开学典礼，正式开学。

王桐龄通过这两次考试，于1902年底进入京师大学堂师范馆。关于考试，据《速成师范馆考选入学章程》，师范馆预定学习期为四年，考选的方法分为八门：修身伦理大义、教育学大义、中外史学、中外地理学、数学、物理及化学、英论、日本文论。考试得分达十分之六以上者方为合格，英、日文及代数可从宽录取。王桐龄能够顺利通过考试，表明此前接受的教育已经不仅仅是传统的科举教育，涉猎的新学应该对他帮助不小。

师范馆属于速成科，张百熙认为"国家需才孔亟，士大夫求学甚殷，若欲收急效而少弃材，则又有速成教育一法，应请于豫备科之外，再设速成一科。速成科亦分二门：一曰仕学馆，一曰师范馆"。② 可见，师范馆和仕学馆一样，主要是基于"士大夫求学甚殷"，为国家培养急需人才，期望通过这种

---

① 徐世昌. 大清畿辅先哲传（上）[M]. 北京：北京古籍出版社，1993：462-464.
② 舒新城. 中国近代教育史资料[M]. 北京：人民教育出版社，1981：71.

方式收到急效。为保证学生质量，对于投考师范馆的生源也做了限定，只有举、贡、生、监等才准投考。录取后的待遇亦非常优厚，食宿全由国家供给，成绩优秀的另有奖励。据《京师大学堂同学录序》① 载，师范馆当年共录取学生79名。

1903年底，京师大学堂开学一年之后，张百熙等向朝廷上奏，称派遣学生出洋留学乃不可缓之事，而教育乃基础，应当从培养教员入手，及早储备大学堂教习。"现就速成科学生中选得余荣昌、曾仪进、黄德章、史锡倬、屠振鹏、朱献文、范熙壬、张耀曾、杜福垣、唐演、冯祖荀、景定成、陈发檀、吴宗栻、钟庚言、王桐龄、王舜成、朱炳文、刘成志、顾德邻、苏潼、朱深、成隽、周宣、何培琛、黄艺锡、刘冕执、席聘臣、蒋履曾、王曾宪、陈治安等共三十一人，派往日本游学，定于年内启程。"② 同时有十六人被派往西洋游学。从顺利入选赴日游学可以看出，王桐龄在京师大学堂一年的学习中，表现突出。这批学生"志趣纯正，于中学均有根柢，外国语言文字及各种普通科学亦能通晓。大凡置之庄岳，假以岁时，决其必有成就"。可见，在出国之前，他们都已经学习了外语，对于各种普通科学也有所了解，为出国留学打下了很好的基础。这批学生于1903年年底出发，张百熙亲往车站送行，由教习章宗祥护送前往日本。

1904年，《东方杂志》刊登文章，对于这批留学日本的三十一人的分科情况做了介绍，王桐龄被分到哲学科，但以教育学为主。③

据萨日娜在《旧制一高に学んだ初期京师大学堂の清国留学生について》④ 中考证，王桐龄等27名留学生于明治三十七年（1904）1月17日先期到达东京，入住第一高等学校寄宿舍南寮。1月20日，一高方面决定由教授谷山初七郎担任留学生监督，教授伊津野直担任教务。接下来的23—25日，对留学生进行了日本语、英语、德语、法语、历史、地理、数学等科目的学

---

① 陈学恂，田正平.中国近代教育史资料汇编：留学教育［M］.上海：上海教育出版社，2007.
② 陈学恂，田正平.中国近代教育史资料汇编：留学教育［M］.上海：上海教育出版社，2007：20.
③ 派遣游学类志［J］.东方杂志，1904（2）：46.
④ 萨日娜.旧制一高に学んだ初期京师大学堂の清国留学生について［J］.科学史研究，2010（49）：219.

力测试,根据日语成绩将留学生分为甲、乙、丙三个组上课。① 王桐龄被分在了乙组,可见当时他的日语成绩属中等水平。

在一高的前两个月,王桐龄等接受的教育主要以日语为主。2月6日正式开始上课,课程主要包括日语(文法为主)、日文(阅读为主)和体操。王桐龄所在的乙组每周日文课为10小时,日语为2小时,体操为6小时。当时担任日语教育主任的是东京外国语学校(现东京外国语大学的前身)教授、文学博士金泽庄三郎;担当"日文"教育的是台湾协会学校讲师金井保三和东京外国语学校讲师竹内修二;担当"日语"教育的是一高教员杉敏介。日语教育主要依教科书进行,不懂时加以中文说明。②

金泽庄三郎是当时日本国内著名的日语语言学学者,由他来负责留学生的日语教育,可见,一高对这批留学生还是非常重视的。

到1904年4月,随着留学生日语能力的提高,新增历史和数学两科。历史每周4小时,由一高教员原胜郎担任。数学每周5小时,由高等商业学校教员泽田吾一担任。将来打算修文科和法科者须修历史,打算修理科、工科、农科、医科、法科、财政学、统计、文科哲学者须修数学,学有余力者则两科兼修。③

1904年暑假,为将这批留学生编入一高本科,在轻井泽进行了为期15天的特别课程。课程仍以日语为主,辅以数学、历史、地理、博物学。8月下旬,除三名特别优秀的学生外,王桐龄等其余留学生被分成两组继续学习。9月14日,一高举行了入学式,王桐龄等被正式编入了一高本科。1905年3月,为了加强留学生与日本学生的交流,王桐龄等分别被分在了南、北、中三寮和日本学生开始杂居。④

1906年8月,第一高等学校学年考试结束,王桐龄感到身心俱疲,加上东京气温升高,头昏脑胀,食不甘味,乃约好友张镕西赴日本东北旅行。从8月2日至8月20日,王桐龄等从东京出发,足迹曾到水户、大洗、仙台、松

---

① 萨日娜. 旧制一高に学んだ初期京師大学堂の清国留学生について [J]. 科学史研究, 2010 (49): 219.
② 萨日娜. 旧制一高に学んだ初期京師大学堂の清国留学生について [J]. 科学史研究, 2010 (49): 220.
③ 萨日娜. 旧制一高に学んだ初期京師大学堂の清国留学生について [J]. 科学史研究, 2010 (49): 220.
④ 萨日娜. 旧制一高に学んだ初期京師大学堂の清国留学生について [J]. 科学史研究, 2010 (49): 220.

岛、福岛、黑矶、汤本、日光等地。①

  1908年②，王桐龄顺利从第一高等学校毕业，升入东京帝国大学文科。据王桐龄在《日本视察记》中记载，他在东京帝国大学留学期间，其指导教授为日本著名的西洋史学大家箕作元八博士。"先师箕作元八博士，西洋史大家也，前在东京大学，亲聆其训导者数年，归国以后，音信犹时常不绝，质疑辩难，多受其益。"③ 可见王桐龄在东京帝国大学留学期间，经常接受箕作元八博士的训导，毕业回国之后，仍然音讯不断。

  箕作元八博士，被称为是明治大正时期，确立作为近代历史学的西洋史研究体系和方法的先驱，在当时的日本史学界享有盛誉。他曾留学法国、德国，接受过19世纪德国最著名的、被誉为近代西方客观主义历史学派之父的兰克学派创始人利奥波德·冯·兰克（Lepold von Ranke）的指导，并获德国蒂宾根大学博士学位。1902年起，任东京帝国大学教授。④

  箕作元八博士在东京大学主要研究法国革命史和西洋史。王桐龄虽然受教于箕作元八博士多年，但从后来的研究著述来看，王桐龄并未有任何关于西洋史的研究著述。

  箕作元八于1919年离世，时王桐龄正在北京："先生物故，余服官北京，未得亲来执绋，心中是从怅怅。"⑤ 表现出他对先师离世时未能亲自送葬的遗憾心情。

---

① 萨日娜. 旧制一高に学んだ初期京师大学堂の清国留学生について［J］. 科学史研究，2010（49）：220.

② 关于王桐龄在一高的毕业时间，萨日娜教授在《旧制一高に学んだ初期京师大学堂の清国留学生について》文中第223页指出："到1905年9月，32名留学生相继从一高毕业……，陈治安、王桐龄、叶克学3人进入东京帝国大学文科"。而根据王桐龄《日本视察记》（文化学社1928年第二版，第225页）记述："明治三十九年八月，即光绪三十二年六月，在第一高等学校，受学年考试已毕……"明治三十九年，当为1906年，可见此时王桐龄仍在第一高等学校。另据《京师大学堂派遣首批留学生考》（冯立昇、牛亚华，《历史档案》2007年第5期第90页）载，"王桐龄……1908年由冬季第一高等学校升入东京帝国大学文科大学史学科"。因为东京第一高等学校正常修学年限为三年，东京帝国大学正常修学年限为四年，所以王桐龄从一高毕业进入东京帝国大学的时间为1908年的说法应当更加可信。

③ 王桐龄. 日本视察记（第二版）［M］. 北京：文化学社，1928：7.

④ 参考《世界大百科事典第二版》，http://kotobank.jp/word/%E7%AE%95%E4%BD%9C%E5%85%83%E5%85%AB.

⑤ 王桐龄. 日本视察记（第二版）［M］. 北京：文化学社，1928：7.

1936年1月的《留东学报》载有王桐龄的《碧梧诗稿》①，其中有王桐龄两次谒见箕作元八博士墓时所作的三首诗。

谒箕作先生墓（民十年四月）
其一
一别忽忽八九年　重来瞻拜一潸然
昔时道貌今何在　只剩荒凉一墓田
其二
名满东瀛八大洲　马班笔墨最风流
苦心毕竟天终负　不许先生见白头
其三
重谒箕作先生墓　民二十三年九月
不经此地十三年　零露秋风八月天
携得新鲜花一束　为师插在墓门边

从这三首诗中可以看出，王桐龄在后来的两次赴日期间，均曾拜谒过箕作元八先生的墓地。纵然时光匆匆，他对于先师的尊崇怀念之情却从不曾淡忘。

1908年，王桐龄等京师大学堂首批留学生创办了"北京大学留日学生编译社"，翻译各类科技及数学教科书。该社也出版学术杂志《学海》甲、乙二编，由上海商务印书馆刊行。王桐龄在该杂志上曾发表《经济学界：信用论》和《丛谈：经济丛谈》。②

东京帝国大学留学期间，王桐龄曾受清政府之命，赴日本京都调查，将调查结果提交给了留学生监督处，并且随后以《日本东西两京之比较》③为名，在1910年的《中国地学杂志》和《教育杂志》上刊发。

---

① 王桐龄.碧梧诗稿［N］.留东学报，1936：153-154.
② 王桐龄.经济学界：信用论［J］.学海：甲编，1908（5）：116-119. 王桐龄.丛谈：经济丛谈.［J］.学海：甲编，1908（5）：146-147.
③ 王桐龄.日本东西两京之比较［J］.教育杂志，1910（12）：58-60. 本文也以相同标题刊载于《中国地学杂志》1910年第1第40页。

二

1912年1月，孙中山领导的中华民国临时政府在南京成立。4月，临时政府迁都北京，袁世凯任大总统，蔡元培为总长的教育部也随之北迁。7月，蔡元培辞职，由范源濂接替教育部总长职位。范源濂曾任清末京师大学堂东文分教习，是正教习服部宇之吉的翻译助教。由此推测，王桐龄应该在京师大学堂时便与之相识，而他也正是由范源濂电召，回到北京，入教育部任参事一职。11月，王桐龄兼任北京高等师范学校教师。范源濂于次年1月辞职，王桐龄也随之辞教育部之职，专任北京高等师范学校教师。北京高等师范学校是在清末京师优级师范学堂基础上改建而成的，由日本留学归国的教育学家陈宝泉出任校长。他率领师大诸先生"辟草莱，斩荆棘，筚路蓝缕，以启山林，……添聘教员，添招学生，增加经费，改建房屋，日日计划，月月进行，年年扩充，辛苦艰难十余年，卒蔚成此全国最大高等师范之基础"。① 王桐龄于北京高等师范学校成立之初便进入该校，参与计划，亲身经历，与学校诸位先生同舟共济，见证了学校的成长。1913年8月，学校新增历史地理部，王桐龄任历史地理部教务主任。1915年，受东三省委托，特设东三省师范教员养成班，王桐龄兼任教务主任。

五四以后，思想领域变化很大，中国文化学界风潮不断，学校也新增一批教授，校园内各种思想非常活跃。1919年冬，陈宝泉被派赴欧洲考察教育，翌年归国后，被调往教育部任职。1921年春，由陈宝泉推荐，经教育部批准，王桐龄被再次派往日本留学。

关于此次赴日的缘由，王桐龄在《日本视察记》中写道："五四运动以后，学界风潮屡起，党祸大兴，余引嫌避位；高师陈校长乃呈准教育部，仍派余赴日本留学。余以学潮剧烈，无力挽回，亦乐得借此名义，避地远祸。"②

从这里可以看出，王桐龄此次赴日，并非自己有意为之，而是因五四以

---

① 王桐龄. 北京高等师范学校过去二十年间之回顾［J］. 学术与教育杂志，1924（1）：177.
② 王桐龄. 日本视察记（第二版）［M］. 北京：文化学社，1928：2.

后学界风潮不断,党祸横行,王桐龄为了避嫌,才借赴日留学之名,避开是非。关于避位之具体原因,他讲道:"高师风潮发起者为某某,目的在趁陈校长旅行欧美之际,夺其政权;以余在校,惧受牵掣,故首先发难攻余。及余引疾去职,各部学生乃如感受一种流行传染病,对于各部主任及专任教员,肆行攻击;数月之间,主要教职员相继去职者二十余人,旧人几无复留者。"① 由此可见,当时高师风潮之严重程度,数月之内,教职员工离职者竟然有二十余人。

王桐龄此次赴日留学预计时间为两年,赶上其母去世,耽搁了两个月,又因留学经费耽搁两个月,等一切准备妥当时,正好又赶上农历新年,于是又等到过完年。1921年3月1日,王桐龄从北京出发,经由朝鲜半岛第二次赴日本留学,3月底抵达东京。

4月初,王桐龄入东京帝国大学。他此次留学的初衷本是入大学院进行学术研究,但是各位老师建议他入文学部正科。学员在高等学校毕业后,修完帝国大学各分科全部课程,考试合格者方为正科生。与正科相对的是选科,选科是只在正科缺员的情况下,才可以提出申请修一科或数科的开放教育制度。②

王桐龄此次到东京帝国大学留学时,昔日一高的旧同学上野道辅已获法学博士学位,任东大经济学部教授;金井登志喜任一高教授兼东大文学部讲师。他自嘲自己"名义上虽为教育部直辖学校教员,实际上仍不过一穷学生也"。③

与十年前的留学生活相比,王桐龄感觉日本的物价涨了四五倍,尽管官费比以前增加了20元,但生活依然艰苦。虽然物质生活艰苦,但并不影响他的精神生活。授课的教授多为十年前就曾经授过课的老教授,对于他,皆以旧朋友看待。新聘之教授、新补之讲师则多系他十年前的旧同学,对他亦非常亲切。④

据他在《日本视察记》中的记述,此次赴日留学过程中,所听讲之课程有"白鸟博士之东洋史概说、塞外民族文化史;市村博士之支那历代思潮概

---

① 王桐龄.日本视察记(第二版)[M].北京:文化学社,1928(4):15.
② 王桐龄.日本视察记(第二版)[M].北京:文化学社,1928(4):8.
③ 王桐龄.日本视察记(第二版)[M].北京:文化学社,1928(4):8.
④ 王桐龄.日本视察记(第二版)[M].北京:文化学社,1928(4):217.

说、史籍讲读；箭内博士之宋金交涉史；池内博士之满鲜史等六种"①。

白鸟库吉是众所周知的日本东洋史学泰斗，他开拓了中国北方民族史、西域史、朝鲜史、中国神话研究等新领域。他和市村瓒次郎博士一道奠定了东京帝国大学东洋史学的基础。箭内亘博士则为明治时期著名的东洋史学家那珂通世的高徒，是蒙元史学家。池内宏博士师从白鸟库吉，主攻满鲜史研究，也是著名的东洋史学家。

从以上不难看出，王桐龄此次留学东京帝国大学，师从的都是当时东洋史学界著名的学者专家。通过近一年半左右的留学，王桐龄收获颇丰。《中国历代党争史》《女真兴亡略史》《儒墨之异同》等均写于此次留学期间。从后来他的研究来看，这次留学应该为他日后的学术研究奠定了坚实的基础。

1922年7月，王桐龄从东京返回北京，结束了东京帝国大学一年零四个月的留学生活。他以这次赴日途中耳闻目见及到达日本后的感想为材料写成了《东游杂感》，1928年，该书印第二版时改名为《日本视察记》。

三

1934年9月，王桐龄请假赴日考察两年，此行动机不详。此次考察期间，他的足迹遍及日本南北，对日本人文、社会、教育、经济等各个方面都有很深入的考察和体验，并且和自己曾经的两次在日经验进行对比，清晰地展示出日本社会各个方面的变迁。他身在日本，不忘祖国，时常将日本和中国相比较，指出中日文化上的差异。此外，他还于1935年5月21日至6月6日以教授的名义陪同北平师范大学毕业生团体参观了东京市内外的学校及教育机关。1936年4月8日至4月20日，陪同河北同乡康迪安参观日本产业组合，足迹涉群马、新潟、石川、福井、滋贺、三重、爱知、静冈等地。

以下是他两年间的活动简历：

· 1934年10月28日，和梁子青、许志平、刘及辰、王锡三、王辅廷、杨广生等赴日光旅行。

· 1934年11月11日，赴高野山。

· 1934年12月9日，和梁子青、许志平、申伯纯等去伊豆半岛旅行。

---

① 王桐龄. 日本视察记（第二版）[M]. 北京：文化学社，1928 (4)：216.

· 1935年3月10日，去吉野观梅。

· 1935年春假期间，去东京附近赏花。

· 1935年4月6—21日，去东京植物园、上野公园、市川里见公园、江户川石堤、飞鸟山公园、江北荒川、西新井大师、隅田川公园、小金井、臼丘游园、荒川游园等地赏花。

· 1935年5月3日，和孙世英等去馆林古河旅行。

· 1935年5月21日至6月6日，陪北平师范大学毕业生团体参观日本学校及教育机构。

· 1935年6月15日，陪孙君去箱根、热海修学旅行。

· 1935年6月18日，去大岛旅行。

· 1935年7月14日，和张陈卿、赵鸿志等去江岛、镰仓旅行。

· 1935年8月2日，和赵玉润、罗清泽去镰仓旅行。

· 1936年3月17日，和梁子青、许志平、张志和等去水户观梅。

· 1936年4月8日至20日，陪河北同乡康锡祺参观日本产业组合。足迹所至有群马、新潟、石川、福井、滋贺、三重、爱知、静冈等地。

· 1936年5月11日，和瞿起模、邓梅羹、蒋益明、何斯瑾等去水乡旅行。

· 1936年7月28日至8月12日，赴日本东北视察。

· 1936年9月归国。

在1936年的《史学消息》第1期中，列有燕京大学历史学会会员录，王桐龄被放在了校外会员录中，而其通信地址为北平师范大学，备考中写有"曾任教职"。[①] 此时王桐龄尚在日本考察中，故备考中的"曾任教职"，似乎并不能肯定他赴日前是在北平师范大学担任教职还是在燕京大学担任教职。

1936年《留东学报》第五号刊载有《介绍本社社员王桐龄先生略历》，写道："前后四次渡日，在日本生活前后约十四年、对日本社会状况有明确的观察……任师范大学教授之职。"[②]

由此可见，王桐龄至此共有四次赴日经历，在日本实际生活计有十四年之久。据他在《东游杂感》中的记述："民国七年，广岛高师开夏期地理讲习

---

① 燕京大学历史学会．历史学会会讯［J］．史学消息，1936（1）：46.
② 介绍本社社员王桐龄先生略历［J］．留东学报，1936（5）：130.

会，余赴会听讲……"① 加上此次赴日经历，他正好有四次赴日的经历。从时间方面来看，1912年回国之前大约在日停留有十年；第二次渡日预计有两年，实际在日本逗留有一年三个月；第三次渡日大约两年。这三次在日时间约为十三年三个月，可以推算第四次在日停留时间不会太长。由于史料原因，此次赴日经历不详。

四

王桐龄一生著作等身，传世论文有近两百篇，主要著作有《中国史》《中国民族史》《中国历代党争史》《儒墨之异同》《女真兴亡史略》等；又因其酷爱旅行，所到之处皆有文章，《陕西旅行记》《江浙旅行记》《日本东北视察记》等皆属此类；王桐龄留学日本十数年，精通日语，日语翻译著作也有很多，大多数作品都发表在《师大月刊》《清华周刊》《史学月报》《留东学报》等期刊上。

隋树森在《记王桐龄先生》② 中提到，王桐龄尚未出版的著作还有《日本后视察记》《突厥民族史略》《朝鲜史》《日本史》《中国民族史概说》《读史指南》《碧梧存稿（诗）》等。

隋树森是王桐龄曾经的学生，一直从事出版工作。据他自述，王桐龄曾经为这些著作的出版找到他，但时值战乱，出版社虽答应出版，业已支付稿酬，但实际出版工作却一拖再拖。新中国成立之后，这些原稿几经辗转，最终在"文化大革命"中全部佚失。③

这些著作虽未及出版，但单从这些标题来看，就可推知王桐龄丰富而广博的学识。从现在传世的著述来看，又可分为与中国相关的著作和与日本相关的著作。鉴于篇幅，在此仅介绍其与日本相关的著作。

王桐龄著作中和日本相关的主要有《日本东西两京之比较》《东游杂感》、他在日本时所写的游记和其他发表在中日杂志上的文字。

---

① 王桐龄. 日本视察记（第二版）[M]. 北京：文化学社，1928：103.
② 隋树森. 记王桐龄先生 [J]. 文献，1983（4）：167-172.
③ 隋树森. 记王桐龄先生 [J]. 文献，1983（4）：167-172.

(一)《日本东西两京之比较》

王桐龄首次展开他对日本的论述是在 1910 年。是时，王桐龄受清政府派遣，赴京都考察，本文即此次考察后写成的报告。

文中王桐龄着眼于东西两京"新"与"旧"的比较。王桐龄认为东京为新式代表，而京都则为旧式代表。"新"与"旧"表现在建筑样式、工厂机器、男子的衣着、女子的发式，甚至是学生的休闲方式。王桐龄认为，东京的学生闲暇时，好运动、演说、饮酒、唱歌；而京都的学生则唤女伶侑酒、携雏妓登山，效谢安石、白香山故事。他认为东京的学生悲歌慷慨，豪放不羁，有燕赵遗风；而京都学生风流放诞，跌宕不羁，有六朝遗风。① 他甚至认为东京的劳动者勤而奢，京都的劳动者俭而惰。总之，从风俗习惯等种种方面比较来看，东京处处振作，长足捷步，直欲追从西欧，京都处处因循泄泄，萎靡不振，犹有我国陈后主、南唐李后主、元顺帝、明神宗时代之遗风。②

该文整体着力于对东京和京都"新"与"旧"的比较，从文章前面的记述来看，他是奉当时的清政府命令利用假期之便赴京都旅行，有感于京都与东京的不同而写成本文。③ 和后期的游记相比较，本文记述略显主观。但在清末的 1910 年，作为一个中国知识分子，将日本东西两京比较，对于当时中国人认识日本、了解日本起到了一定的作用。

王桐龄首次赴日留学时间长达 10 年，但留下的和日本相关的文章，管见所及，仅此一篇。

(二)《东游杂感》④

《东游杂感》是王桐龄第二次东渡日本留学时所作。他在书中写道："本编所载，或得之目睹，或得之耳闻，或得之书报杂志之记载，或得之朋友之报告，无一字无来历，无一字为著者个人所杜撰也。"⑤ 由此可知，本书之内容来源，除作者耳闻目睹之外，还有来自书报杂志及朋友的报告。

本书构成如下：第一章为去时之感想，第二章为途中对中国之观察，第三章为对朝鲜之观察，第四章为对日本之观察（共有二十二节，对日本方

---

① 王桐龄.日本东西两京之比较［J］.教育杂志，1910（12）：58-60.本文也以相同标题刊载于《中国地学杂志》1910 年第 1 期.
② 王桐龄.日本东西两京之比较［J］.教育杂志，1910（12）：60.
③ 王桐龄.日本东西两京之比较［J］.教育杂志，1910（12）：58.
④ 王桐龄.日本视察记（第二版）［M］.文化学社，1928：220.
⑤ 王桐龄.东游杂感［M］.北京：文化学社，1928.

面面都有详细的记述），第五章为归时之感想（第一节为余在东京之生活状况，第二节为到东京时无意中之失败，第三节为生活上之苦楚之点，第四节为生活上愉快之点，第五节为社会上对本编之批评，第六节为社会上对外情之冷淡）。另附《日本东北旅行记》。

从以上目录可以看出，本书共分五章，记述了作者赴日途中经过中国、朝鲜、日本的部分地方时所观察到的情景，特别是对抵达日本后的东京的生活情况、日本的生活环境、工业、地理、民族、家族、公共道德、女性、寺院、服装、风俗、外来文化、东京帝国大学等记述尤详。该书内容丰富多彩，将当时的日本社会活生生地展现在读者的眼前，作为一部介绍日本的读物，将本书称之为认识日本的百科全书，似乎也不为过。

本书的第三章及第四章前四节曾经被摘出，发表在《东方杂志》上。其后，北京的《地学杂志》也从第一章起，按期循序登载，北京《益世报》《舆论日报》《太平洋日报》也曾各自转载过其中的一部分，引起当时社会上的强烈反响。[①] 本书初版时以《东游杂感》为名，再版时改为《日本视察记》，在不到十年的时间里再版，也可以看出本书在当时的流行程度。

（三）三十年代的旅行记

1934年9月，王桐龄以考察之名再次东渡日本。他利用此次考察机会，赴日本多地旅行，足迹遍及日本关东和关西。他以此次旅行体验为素材，撰写发表了大量的旅行记。这些旅行记前期主要刊登在《文化与教育》杂志上，后期主要刊登在《留东学报》上，详细如下：

（1）《日光游记》，刊载于《文化与教育》1934年37、38号。

（2）《高尾山游记》，刊载于《文化与教育》1934年39号。

（3）《环游伊豆半岛记》，刊载于《文化与教育》1935年43、44、45号。

（4）《吉野观梅记》，刊载于《文化与教育》1935年49、50号。

（5）《东京附近观樱记》，刊载于《文化与教育》1935年53、54、55号。

（6）《小金井观樱有序》，刊载于《文化与教育》1935年56号。

（7）《大岛游记》，刊载于《文化与教育》1935年60、61号。

（8）《留学生之日语问题》，刊载于《留东学报》1935年2、3号。

（9）《馆林古河游记》，刊载于《留东学报》1936年2号。

（10）《东京之水祭与川柳》，刊载于《留东学报》1936年2号。

---

① 王桐龄. 日本视察记（第二版）[M]. 北京：文化学社，1928：220.

(11)《水乡游记》，刊载于《留东学报》1936年3号。

(12)《参观日本北陆关西东海线产业组合记》，刊载于《留东学报》1936年3号。

(13)《水户观梅记》，刊载于《留东学报》1936年5号。

(14)《江之岛镰仓游记》，刊载于《留东学报》1936年5号。

(15)《日本东北视察记》，刊载于《师大月刊》1937年31号。

王桐龄这一时期的旅行记，大多附有观光地照片。可以看出，彼时在日本相机使用已经非常广泛。此外，这些旅行记基本上都有一个共同的特征：都分为两个部分，第一部分是对于旅行本身的记述，第二部分则是作者旅行后的感想。

从感想中可以看出，他寄予最大关心的是日本交通的便利、乘务员的热情，以及不论何时都秉承着的"乘客至上"的服务理念。特别让他感慨的是日本女性参与社会的程度。在他看来，当时的中国和日本差距甚远，不仅仅表现在社会、教育、技术等方面，就连人的想法也都完全不同。

王桐龄此时已经有丰富的在日生活经历，加上其在中国工作多年，也曾赴中国各地旅行，这种多元的生活体验，造成他对中日两国的差异异常敏感。也许正因如此，和同时代中国国内知识分子的对日批判正好相反，王桐龄不但没有表示对日本的过多批评，他对日本的欣赏反倒处处可以看出。

(四)"游东通讯"

王桐龄三十年代东渡日本时，《文化与教育》杂志特别辟"游东通讯"一个专栏，主要刊登王桐龄的在日活动及相关文章。"游东通讯"应该连载过六期，但是第四期的文章由于种种原因尚未见到。

据栏目第一期记载，王桐龄在赴日时与《文化与教育》杂志约为通讯记者，这也许正是"游东通讯"栏目出现的原因。"师范大学史学系教授王峄山先生，任教授二十余年，著作等身，蜚声海内外，大有教不厌、学不倦、忘其老之将至之概，今秋复请假游日考察，濒行约为本刊通讯，兹将其抵日告师大同人及同学函刊布，此后王先生将不断以扶桑消息惠读者。"[①] "游东通讯"第一期主要介绍王桐龄赴日经历；第二期主要介绍日本的中国留学生状况；第三期主要关注日本人的生活，着重介绍了日本衣食住方面发生的变化、东京帝国大学各部教授以及中国人留学生的事迹；第五期是当时《读卖新闻》

---

① 王桐龄. 游东通讯：第一次[J]. 文化与教育, 1934 (32)：29.

一篇文章的译文;第六期主要探讨了中国学生的日语问题,批评中国学生学习日语没有恒心。他还以东京帝国大学为例,指出中国人学习日语的优点,并且认为将日语作为第一外语对于以后的研究帮助甚大。

五

从以上可以看出,王桐龄并不同于当时普通的留日学生或知识分子:他赴日次数较多,在日时间较长,钻研学问和研究的同时,还赴日本各地旅行考察。这也正应了他所说的"学问与经验并重,非身入其中,实地踏察,细心体会,不能得事迹之真相也。况历史与地理有密切关系,研究历史而不知地理,则一切史迹皆无着落"①。正是基于这种理念,他在做学问的同时,身体力行地去感受和体验日本社会、文化、风俗,并将耳闻目睹及切身体验诉诸笔端,传达给当时的中国,为当时中国人认识日本提供了丰富的素材。

王桐龄对日本的考察事无巨细。他不遗余力地将日本介绍给当时的中国。他始终把日本当作一面镜子,通过这面镜子,照出了很多国内的社会问题,并将这些问题一一暴露在了国人眼前,警醒国人奋发自强。王桐龄关于日本的论述在当时的中国社会产生了广泛的社会影响。"东游杂感"中的部分文章被当时很多报纸杂志转载多次,社会反响强烈。

值得指出的是,王桐龄的这些关于日本的著述,迄今尚未有专门研究。笔者不揣浅陋,撰此文抛砖引玉。此外,王桐龄曾两次入读东京帝国大学文学部,奠定了其在史学方面的扎实基础,他对学术史的考察及通史、民族史方面的研究也非常值得期待。

---

① 王桐龄.王氏游记序[J].燕大月刊,1927(2):90.

民国日本研究杂志之滥觞:《黑潮》之日本研究

林昶先生在《中国的日本研究杂志史》中将 1915 年 8 月由上海群益书社出版的不定期杂志《日本潮》第一编看作中国最早的日本研究杂志,但从内容上看,《日本潮》刊登的 17 篇文章中,除绪言、一篇附文及附录外,均译自日本《朝日新闻》《新日本》《大日本》《太阳》《日本及日本人》等报章杂志,并无任何专门的关于日本的研究内容。从该刊绪言"不忍人为刀俎我为鱼肉,故特取日本新闻杂志中凡关于谋我之各种言论,译成国文继续出版,用告海内,俾我国人得窥彼国之进行,而图自卫之方法"① 中也可以看出,《日本潮》的编辑出版事实上是在日本提出"二十一条"之后,为让中国人更好地认识日本侵略的实质,而特意取日本新闻报章中涉及侵华的言论,其本质是向中国翻译介绍日本人的中国研究,而非中国人的日本研究。由此可以看出,将其定位为中国最早的日本研究杂志似乎值得再考虑。

不仅如此,林昶先生在该书中还进一步指出:"处于肇始期的日本研究杂志,包括日本研究专辑、专号,主要是以提供各类日本人的观点和背景材料为主,大多系翻译文章,间或刊登短评、时评,而鲜有研究、探讨性的文字。这一情形持续至 20 年代末 30 年代初方起变化。"② 诚然,清末民初,中国出现了很多翻译介绍日本人观点的译文、时评,但这只反映了当时中国努力学习明治维新的一个侧面,而且,这种情形的改变也不必到 20 年代末 30 年代初,早在 10 年之前的五四运动时期,情况就已经大有改观。

---

① 林昶. 中国的日本研究杂志史 [M]. 北京:世界知识出版社,2001:57.
② 林昶. 中国的日本研究杂志史 [M]. 北京:世界知识出版社,2001:64.

一

　　《黑潮》于1919年8月在上海创刊，名义上是由太平洋学社编辑出版，实际主要由陆友白负责全部事宜。陆友白，江苏嘉定人（今上海嘉定），1917年留日归国后，在中华职业学校任职。五四运动期间，组织太平洋学社，创刊《黑潮》杂志。太平洋学社是由"中华民国少数奋斗的青年组织的专门研究东亚问题的学社"，学社除编辑出版《黑潮》之外，还编辑出版《日本研究小册子》及其他相关书籍，为积蓄对日研究的实力，培养对日研究的同仁，也曾组织过日语函授教育等。

　　《黑潮》旨在针对日本侵华政策"一方面辟他的荒唐，觉他的梦呓；一方面唤醒我们的同胞，让大家懂得日人的心思，快快起来准备"。[①] 该刊设有评论、讲演、专论、讨论、随感录、通讯、附录等专栏，重点收录了介绍和研究日本对华外交政策、经济政策、军事政策及日本自身的政治、经济、军事力量和黑社会组织的文章，揭露了日本对华扩张的野心和扩军备战政策，对太平洋地区的国际环境和国际关系亦进行过评论。

　　《黑潮》从1919年8月创刊到1920年8月，前后共出版了两卷五期。《黑潮》虽然是一份短命的刊物，但其内容丰富，开辟了民国日本研究的新领域。作为民国日本研究杂志之滥觞，历史影响巨大，不容忽视。可惜国内外迄今对该刊的认识尚停留在简单的辞典介绍阶段，而且基本都认为该刊共出三期。

　　在《五四时期期刊介绍第三集》（中共中央马克思、恩格斯、列宁、斯大林著作编译局研究室编，1979年）、《中日关系辞典》（夏林根、董志正编，1991年）、《中国报刊辞典》（王桧林、朱汉国主编，1992年）中，均有对该刊的简单介绍，且都表示"所见共有三期"。1993年出版的《中国现代报刊发展史》（倪延年、吴强编，1993）中也提到了该刊，认为该刊为"以研究某一国家问题为主的专业刊物"。作为中国国家图书馆大力推进的民国时期文献保护项目《民国文献资料丛编》，目前已经出版有三十余种，一千余册，在学界影响巨大，但其中的《五四时期重要期刊汇编》（2012年）也只收录了

---

① 王桧林，朱汉国主编. 中国报刊辞典 [M]. 上海：书海出版社，1992：88.

三期《黑潮》。作为研究民国日本研究史不可忽视的《中国人的日本研究史》（武安隆、熊达云，1989年）、《中国的日本研究史》（李玉，2000年）、《中国的日本研究杂志史》（林昶，2001年）等著作，均未涉及该刊。因此，对《黑潮》杂志的研究，既可以对民国日本研究史起到正本清源的开拓性作用，也可以对民国时期的文献保护工作起到拾遗补阙的重要作用。

二

《黑潮》创刊伊始，就高举"日本研究"之大旗，"致力于做全国平民对日公开的研究言论机关"①。为了突出日本研究之性质，该刊从第二卷第一号始，在封面顶端印上非常醒目的"日本研究"四个字。这个四字短语在当时更多的是作为主谓结构在使用，作为名词使用的情况在当时出现时间并不是很长，所以曾一度引起公众的误会。很多人误以为"日本人又要做什么研究了"②。为此，《黑潮》曾特意刊文《"日本研究"作何解》解释这四个字的意思。"日本研究"四个字本来是日本名词，是研究日本问题的意思。"我们中国人也有采用同样名词的，如江苏省教育以前发行的《教育研究》，某机关发行的《儿童研究》，学校里通用的理科研究室等，都是这个意思。"③从以下《黑潮》创刊前的征文广告中也可以看出该刊的日本研究性质。

"诸君太平洋西北一带，风涛险恶，触目警心。我人既不能振翅飞渡，又未敢自甘沦溺。诸君！诸君谁无人心，会不自思，自免否？近自青岛问题发生，国人对此虽各有坚决之表示，然此种热度必可免五分钟之诮讽否？诸君！诸君会思永保此坚决之人心否？诸君不见乎，日本之国内关于支那研究之各种机关、集会、书籍、杂志、报章等，几无微不至。诸君！诸君我人独不能为日本研究乎？此黑潮者，即专事日本研究以求彻底之解决者，诸君将乐为援助否？黑潮之主张为人民自决的积极的永久的破坏而兼建设的，诸君将乐为赞同否？"④

从以上可以看出，太平洋学社创刊《黑潮》主要基于三点：第一，不甘

---

① 陆友白. 同志诸君公鉴 [J]. 黑潮，1919（1）：3.
② 陆友白."日本研究"作何解 [J]. 黑潮，1919（1）：4.
③ 陆友白."日本研究"作何解 [J]. 黑潮，1919（1）：4.
④ 陆友白. 黑潮月刊征文字启 [N]. 北京大学日刊，1919-7-5（01）.

沉溺于太平洋西北之险恶风涛；第二，青岛问题发生之后，为继续保持国人坚决抵抗之决心；第三，日本国内关于中国的研究无微不至，而国内却缺乏对等的专门的日本研究。正是从这三个方面出发，《黑潮》创刊伊始，就已明确该刊宗旨为专门从事日本研究。

在《黑潮》创刊号上，刊登有一篇专论《我们为什么要研究日本？该怎样去研究？》。文章对于为什么要研究日本进行了详细解释。第一，因为日本关于中国研究的各种机关、集会、书籍、杂志、报章等设立得很多，调查得也很详细。"他们的主义、方针和言论尤使我们中国人难堪，所以我们也须有个对等的集合，一方面辟他的荒唐、觉他的梦呓；一方面唤醒我们的同胞，大家懂得日人的心思，快快起来准备"。① 第二，因为以后东亚问题，无论什么时候，什么事情，中国和日本终有密切的关系……我们须得研究个解决的方法才是。

从这两个原因的解释中不难看出，太平洋学社创刊《黑潮》主要是有感于日本人对于中国的详细调查和研究，作为应对，中国国内应当也有研究日本的机构，既可以回应日本国内的中国研究，又可以唤醒国内中国人去了解日本、认识日本。最主要的，在东亚问题上，中日互为邻邦，关系密切，无论什么事情，都关系到两国的利益，所以不但要进行必要的研究，而且还要提出适当的解决方案。

鉴于"日本问题"范围广泛，《黑潮》在选择材料时也提出了具体的编辑大纲，将资料选择限定在评论、专论、文艺和记事等方面，并且要求评论必须是简单确切的，而不是"狭义爱国者的谩骂，不做感情的奴隶"。而对于专论，更是提出两个"不可不知"：一是"日本的政治、经济、社会等政策和民间情形，和中日国交的内幕等与我国有直接的关系，国民不可不知的，说明其'过去''现在'，并推想其'将来'"；二是"日本的政治、经济、社会等政策和民间情形，虽与我国没甚直接的关系，我们也不可不知的，说明其'长处''短处'和'所以'"②。

从此编辑大纲来看，《黑潮》对评论追求中立、客观。而专论提出的两个"不可不知"的方针，则既是对《黑潮》编辑者的要求，也是对《黑潮》的读者，甚至是中国国民提出的要求。很多人经常讲"平民呀、军阀呀、中日

---

① 陆友白.我们为什么要研究日本？该怎样去研究？[J].黑潮，1919（1）：20.
② 陆友白.黑潮月刊编辑大纲[J].黑潮，1919（1）：23.

亲善呀、中日交恶呀，我们总得晓得中日的平民怎样、中日的军阀怎样、中日亲善怎样、中日交恶怎样"①。只有对其有确切的认识和了解，才能提出解决的方法。

正是基于这样的办刊理念，主编陆友白在创刊号上就提出《黑潮》是"极少数奋斗的青年牺牲了私人的精神和金钱做的，是专门研究日本问题的"②，是"牺牲私人的精神和经济做全国平民对日公开的研究言论机关"。③

三

《黑潮》的日本研究内容非常丰富，涉及日本的对华外交、政治、经济、军事、社会、宗教等方方面面。在竭力呼吁中国同胞认识、研究日本，并起来准备的同时，特别重视揭露、批评日本的侵华政策和侵略野心。笔者试从以下几个视点出发，来研究解读《黑潮》的日本研究。

（一）唤醒同胞、鼓励日本研究

《黑潮》本着"辟荒唐、觉梦呓，唤醒同胞，懂得日人心思"的理念，着力于唤醒、鼓励国人参与日本问题的研究与讨论。《黑潮》曾经举办过两次有奖征文。征文这种形式，既可以唤起大众参与研究讨论日本问题的意识，也可以在一定程度上提高刊物的知名度，扩大刊物的影响力。

《黑潮》的第一次征文活动在创刊前一个月就已经开始，目前所见之征文广告，刊于1919年7月5日的《北京大学日刊》，征文结果则以《中日可亲善否？》为题刊登在了《黑潮》创刊号上。此次征文收到来自全国各地以及日本东京的两百多件应征稿件。国人参与度之高，来源地之广，令人惊叹。同时，通过这些稿件内容也可以看出中国人心之趋向。

对于"中日可亲善否"这一论题，应征文章分为了明显的两派：一派认为可以亲善，原因是人类有友爱互助的同情，两国有唇齿相连的关系，两国平民都有亲善的本心，两国平民都有废止军阀、革新社会的觉悟；另一派则针锋相对，认为中日不可亲善。其原因有：两国的分际不平均、利害不一致，

---

① 陆友白. 黑潮月刊编辑大纲［J］. 黑潮，1919（1）：23.
② 陆友白. "日本研究"作何解［J］. 黑潮，1919（1）：14.
③ 陆友白. 同志诸君公鉴［J］. 黑潮，1919（1）：3.

立国的根本观念不同，日本抱一种危险的侵略主义，日本空言亲善不从事实去做，日本侵略的痕迹数不胜数，日本激进的侵略主义不利于中国，等等。①

单从所列原因就可以看出，认为中日不可亲善者占了大多数。通过这次征文活动可以看出当时中国大众对于"中日可否亲善"这一问题的态度，也反映出日本的大陆侵略政策给当时中国人带来的影响。

《黑潮》创刊号另刊有《太平洋主义》一文，认为东方人与太平洋很有关系，西洋的文明是从太平洋里转运过来的，而作为东方人的第一责任就是要把西洋的文明连根起蒂地掘来，使照不到光明的东方人有个清醒的日子。《黑潮》痛感"我国外交界有的闻了闷药，有的吃了哑口汤，有的睡在梦里，有的坐在井里，都是靠不住的，这泰山重的担负都在我们国民的肩上，以后该怎样呢"②？于是，进行了第二次有奖征文，论题为"对于太平洋主义之意见"。除创刊号之外，此次征文广告另刊于《黑潮》第二号，结果预计在1920年4月揭晓，而事实上，《黑潮》第三号上刊有姚存吾、欧阳孝纯、刘奇、汤济川四人的专题讨论——《对于太平洋主义之讨论》，是否为此次征文之成果，则不得而知。

（二）揭露、批判日本的侵略政策和侵华野心

《黑潮》的日本问题研究专论本着两个"不可不知"的方针，致力于揭露日本的大陆扩张政策和侵华野心。创刊号上就有《日本人之"支那解决论"》《日本宗教之现状》等文章。

《日本人之"支那解决论"》是由日本黑龙会首领内田良平所著的。黑龙会是日本对华最大之结社，其会员多为军阀、浪人、野心家等。该会专以研究东亚问题为目的，而日本人之东亚问题，其命意所在，不过是合并中国，实行其大亚细亚主义而已。故以在满蒙等处之纠葛、新近之种种密约条件及山东问题等，皆实行其大东亚主义之张本而已。③ 此文在民国五年（1916）四月十二日秘密印刷，分发各会员，外人难见，次年六月，中国某留学生拜访其日本友人，于其书房见此文，携之以出。后为太平洋学社视之为拱璧，将其译出刊登。④

该文长达20页，对欧洲、日英关系、日中关系都有详细论述，其第四部

---

① 陆友白. 中日可亲善否 [J]. 黑潮，1919（1）：15.
② 陆友白. 太平洋主义 [J]. 黑潮，1919（1）：13.
③ 内田良平，陆友白. 日本人之"支那解决论" [J]. 黑潮，1919（1）：25.
④ 内田良平，陆友白. 日本人之"支那解决论" [J]. 黑潮，1919（1）：25.

分更是以"支那处分案"为题，提出对中问题的根本解决方法：一是将南满东蒙之统治权委任于日本；二是由日本控制中国财政之整理监督权。《黑潮》对于该部分文字也特别用醒目的大号黑体字排版印刷，以引起中国读者的足够重视。在该文的最后，亦有编辑的长篇按语，一针见血地指出："日本之所为保全东洋和局，在杜绝西力之东渐以实行大亚细亚主义，其对于解决中国之方法，不外以快刀利剑灭亡中国。"①

《日本宗教之现状》详细介绍了日本的佛教、神道、基督教状况。其中指出，日本这些年来处心积虑欲获得在华传教权，以遂其侵略之野心，愿国中有志僧侣亟起挽救。

进入1920年，《黑潮》面临经费难筹之困难，不得不收缩篇幅。尽管如此，其办刊主旨一如其旧。《黑潮》② 第二卷实际共出两期，第一期载有戴季陶的《资本主义下面的中日关系》和《和一个日本记者的谈话》。

在戴季陶的《资本主义下面的中日关系》一文中，作者指出中日"两国人民的亲善和结合，只有在两国以平等自由互助为标志的社会和革命都成功以后，才能实现……阻碍两国人的亲善和结合的是造成近代种种罪恶的资本主义"。③ 因此，作者提出我们要反对的是军国主义，是帝国主义，是军国主义、帝国主义骨子的资本主义。

本卷刊载的戴季陶的另一篇文章《和一个日本记者的谈话》，是为太平洋学社钱江春所译的美国吴惠津博士所著的《世界战争与中国》一书所做的序。在该文中，戴季陶认为"日本是趁火打劫的强盗，是阻止亚洲民族自决的魔鬼，是侵略同文同种国的残忍者，是欧洲世界征服主义的帮凶"。④

（3）《黑潮》的批驳与呐喊

《黑潮》作为日本研究中国的应对，作为对日公开的研究言论机关，对于日本的中国问题研究也积极进行回应，展开批驳，发出自己的呐喊。

《黑潮》创刊号刊有《读"支那问题号"》一文，该文是一篇评论。《支那问题号》由日本"实业之日本"杂志社出版，其中汇集了大隈重信、头山满、寺内正毅等许多日本名人的言论。作者有感于其中很多令人不舒服之言

---

① 内田良平，陆友白. 日本人之"支那解决论"[J]. 黑潮，1919（1）：43.
② 《黑潮》的卷是按照年来区分的，1919年的为第一卷，1920年的则为第二卷。号则指每年内出版的相应期数，如创刊号为第一卷的第一号。
③ 戴季陶. 资本主义下面的中日关系 [J]. 黑潮，1920（1）：1.
④ 戴季陶. 和一个日本记者的谈话 [J]. 黑潮，1920（1）：10.

论，撰文予以批驳。

《黑潮》第一卷第二号刊有主编陆友白执笔的《东亚将有大战乎?》《西藏问题与东亚》《日本无米之恐慌》三篇文章。陆友白为浙江嘉定人，生平不详，从该号的随感录所载其由日本归国之文字，可以看出他有赴日留学经历。

《东亚将有大战乎?》一文是作者的一篇评论。一战刚刚结束之际，先是中国在青岛问题上失败而终，继而美国威尔逊总统之十四条亦等同于废纸，于是群情激奋，以为东亚将有大战。作者对美国、日本、中国的种种状况条分缕析，指出中日交战不成事实，东方第一次大战争必为美国与日本，且伏机已远。陆友白的预见后来终被历史所验证，其远见卓识由此可见一斑。

在《西藏问题与东亚》一文中，作者首先论述了英国、俄国、日本相中西藏的原因，然后指出英日同盟下的两国各怀鬼胎，而中国人则是砧板上的肉，任凭宰割。最后，作者发出了振聋发聩的呐喊："喊！中国人！快醒！……"①

本号另刊有郭沫若早期作品《同文同种辨》。《黑潮》创刊之时，郭沫若尚在日本九州大学求学。作者有感于当时以中日两国同文同种为前提而提倡的中日亲善论，撰文详细分析了中日两国语言文字和民族产生之差异，提出中日两国并非同文同种，若以仁道正义为国是，虽异文异种而无不可亲善。强烈批驳了日本亲善外衣下的侵略本质。

《黑潮》第二卷第一号中还刊有康白情的《知耻与雪耻》一文。康白情是五四运动的学生领袖之一，五四运动以后，出国留学。《知耻与雪耻》一文系作者赴美留学时途经日本，于1920年5月7日在中华民国留日学生总会国耻纪念会上的演说稿。在该文中，作者提出须通过组织国际运动、对日人公开社交、组织特殊团体等，先将自身造成有用之人才，雪耻之功用才更大。最后强烈呼吁"勿忘国耻，力雪国耻"。

该文最后附有主编陆友白致康白情的信函，他对康白情赴日表示极力赞赏的同时，希望其能在日本竭力鼓吹，力矫留日中国学生的弊病，不避日人，才能深入研究日本。

(4) 日本国情的研究

《黑潮》创刊号中，刊有补白一篇，摘录戴季陶刊在《建设月刊》的《我的日本观》。"诸君你们试跑到日本书坊店里去看日本人所做的关于中日的书籍有多少，哲学、文学、艺术、政治、经济、社会、历史、地理各种方面，

---

① 陆友白. 西藏问题与东亚 [J]. 黑潮，1919 (2)：17.

分门别类的有几百种。每一个月杂志上所登载中国问题的文章有几百篇,参谋部、陆军省、海军军令部、农商务省、外务省、各团体、各公司派来中国常住调查或是旅行观察的人员每年有几千个。……我们中国人却只是一味地排斥反对,几乎连日本字都不愿意看,日本话不愿意听。"① 戴季陶的这段话,恰好是《黑潮》诞生的缘起之一,而《黑潮》借戴季陶的这段话,又表明了当时中国人不愿看"日本字"、不愿听"日本话"的保守思想,"不愿看"与"不愿听"就造成了中国人对于日本的无知。《黑潮》有鉴于此,也刊发了大量对于日本基本国情进行研究的文章。

《黑潮》创刊号就刊有《日本天产物不足之隐忧》《日本之海军》等文章。《日本天产物不足之隐忧》指出,日本虽以东方德意志自命,但其国土面积狭隘,物产不丰,难达东方德意志之志。一战后,物价腾高,衣食不足已不可掩,不数年后,其燃料、军器原料之缺乏亦将陷入不足之境,成为隐忧。为解决这些不足所带来的隐忧,日本不得不垂涎于地大物博之中国。《日本之海军》则主要介绍了日本海军根据地、海军军舰之标准等内容。该文最后用大号黑体字指出日本主要军舰老化严重,原动力原料又皆仰于外国,粮食问题亦足以致其死命。"故今日东方若有战事,日本而入极端的战争状态时,若不得外国之供给食料及原动原料,则除以极短时间一生悬命(日本名词,作"拼命"解)、背水一阵外,绝无胜利之余地也。"②

该卷第二号刊有主编陆友白的《日本无米之恐慌》一文,该文用具体数字表明日本每年供给不足之米实际达到七千万担(担:中国一百斤,作者原注),并认为日本地脊人稠,无论如何总难得根本上之独立,近年来之米骚动无时无地无之,肇惨无人道之祸端。作者由此得出"日本之于民食问题毫无适当之政策,而于军事等之食料上又可决其毫无准备也"③ 的结论。

四

《黑潮》虽然只出了两卷五期,但其日本研究富于专业性、学术性,科学

---

① 补白 [J]. 黑潮, 1919 (1): 57.
② T. Z. 日本之海军 [J]. 黑潮, 1919 (1): 58.
③ 陆友白. 日本无米之恐慌 [J]. 黑潮, 1919 (2): 63.

性极强，这点从围绕在《黑潮》周边的作者队伍就可窥见一斑。现将《黑潮》署名中能够查证的作者统计如下：

表1　《黑潮》部分撰稿人之发文数量及其教育背景统计

序号	撰稿人	数量	出身学校	序号	撰稿人	数量	出身学校
1	陆友白	16	留学日本	11	傅彦长	1	游学美国、日本
2	郭沫若	4	日本九州帝国大学	12	黄振汉	1	暂未明
3	吕云彪	3	嘉定初级师范学校	13	陈怀恕	1	东京高等师范学校
4	戴季陶	3	日本法政大学	14	李子耕	1	暂未明
5	谢晋卿	2	留学日本	15	薛培元	1	东京帝国大学、芝加哥大学、伊利诺伊斯大学
6	顾梦飞	2	暂未明	16	童有葛	1	日本早稻田大学、日本桐生高等工业专科学校
7	钱江春	2	杭州之江大学预科	17	康白情	1	北京大学、美国加州大学
8	戴霭庐	2	日本庆应大学	18	钱公胥	1	暂未明
9	马伯援	2	日本早稻田大学	19	余日章	1	美国哈佛大学硕士　上海圣约翰大学博士
10	邰光典	2	北京大学	20	欧阳刚中	1	东京高等师范学校

《黑潮》全部作者共计24位，真实署名的以及可以查证的主要作者计20位，从表1可以看出，尚有4人虽有署名但简历暂未明。已经查证的16人中，包括主编陆友白在内的两人，暂知其有留学日本的经历，但就读学校和学历未详。其余14人中，只有一人是初级师范学校学历，其余均为高等师范学校、大学预科甚至有硕士研究生、博士研究生等学历。这主要的20位作者中，有13人具有海外游学、留学经历，其中在日本留学者达10人（包括主编陆友白），这些拥有留日经历的撰稿者，一方面保证了《黑潮》日本研究内容的专业性，另一方面也更鲜明地烘托出《黑潮》杂志的"日本研究性"。

从表1还可以看出，陆友白作为《黑潮》的编辑，其发表文章数量亦超过其他作者很多。引人注目的是当时国内知名的日本研究学者戴季陶，也在该刊发表了三篇文章。高水平的作者队伍保证了《黑潮》日本研究的专业性，该刊也因此在当时就引起了国内外的众多关注。《资本主义下面的中日关系》

（作者戴季陶，第 2 卷第 1 号）曾被《民国日报·觉悟》转载（1920 年第 7 卷第 17 期），《日本天产物不足之隐忧》（作者梦飞，第 1 卷第 1 号）也被《东方杂志》（1919 年第 16 卷第 11 号）转载，《东亚将有大战乎？》（作者陆友白，第 1 卷第 2 号）则被日本东京《大日本》杂志翻译转载。《黑潮》也曾与同年在上海创刊的《上海公论》杂志有过激烈的笔战。不仅如此，福州事件爆发后，《黑潮》所在的太平洋学社还曾专门致电日本外务大臣，引起了广泛的关注。据日本大正十一年（1922 年）警视厅外事科《支那关系输入禁止新闻杂志书籍名》，《黑潮》创刊号因刊载《日本人之"支那解决论"》一文，第二号也因《东亚将有大战乎？》一文，而被禁止输入日本。① 虽然暂不清楚《黑潮》杂志的具体发行量，但从《黑潮》的代售点来看，以华东、华中地区为主，遍及吉林、云南、广西、广州、福建等中国各地，甚至在中国香港、小吕宋②、东京等地都设有代售点，其影响范围由此可见一斑。

五

《黑潮》创刊的 1919 年前后，中华大地正经历着前所未有的变革。1915 年 1 月，日本对华提出"二十一条"，引起了全国人民的极大愤慨。西原借款及巴黎和会等一系列事件，最终导致五四运动的爆发。中国人不得不开始认真认识和研究这个所谓"同文同种"的日本帝国，而昔日的留日中国知识分子更是对日本国内精细的中国研究感慨万分。《黑潮》在这个时期出现，并非只是一个历史的偶然性事件。《黑潮》作为专门的"日本研究"杂志，其对于自身的定位及编辑出版的趣旨，不仅反映出五四时期强烈的时代精神所赋予国人的关心国家民族的责任感，也体现出了国人在日本的不断侵略中积极反抗、奋力前行的使命感。

《黑潮》在五四运动的高潮中，以独特的国别研究视角，开创了民国时期日本研究的新领域，成为民国首份也是中国最早的专业的日本研究杂志。《黑潮》作为民国日本研究之滥觞，构建了民国日本研究杂志的首个典范，该刊

---

① （日）小野信尔．五四运动在日本［M］．东京：东京汲古书院，2003：340．
② 吕宋是菲律宾三大政区之一，在西班牙统治时期，华人称之为"小吕宋"，称整个菲律宾为大吕宋。

编者、作者在积极主动地研究日本的同时,也致力于唤起国人参与研究日本,有效地发挥了媒体引领社会的作用。《黑潮》的日本研究突破了清末以来译介、时评日本的研究范畴,对日本的基本国情、对外政策、帝国主义侵略的本质等多方面情况进行了有效的研究,为国人认识日本提供了丰富、难得的知识资源。《黑潮》致力于做全国平民对日公开的研究言论机关,在日本的侵华舆论中,积极回应侵略政策,发出了中国平民的呼声,饱含着对于国家、民族命运的关切与思考。

动员大众之力：二战期间日本标语中的国民精神总动员

标语是常用的宣传文体之一，是用文字记录在传播媒体上的口号，由于标语文体是思想、情感和愿望三者的统一，能够强烈表达宣传者的主要观点和奋斗目标。在大多数情况下，一条标语就是一项行动纲领，一个斗争任务，一种斗争策略。[①] 在中国的古代典籍中，并没有"标语"这个词，该词是近代从日本传入中国的。而日语中的"标语"又是明治时期日本人从英语的"motto"翻译而来的。[②] 清末，中日交流的大潮涌入中国。五四运动时期，标语开始在中国国内被广泛使用。纵观近代以来中国、日本的标语的历史，其在不同的历史时期都有不同的内容，它是一个时代社会的外在表象，是一个时代精神的生动载体，在不同的历史时期发挥着重要的作用。

日本在侵华战争期间，利用高度集权的政治体制，开展"国民精神总动员"运动，控制国内舆论。并通过组织各种机构、团体，把全体国民纳入战争体制，造成"举国一致、尽忠报国、坚忍持久"的狂热局面。关于"国民精神总动员"，国内外学者已经从很多方面积累了丰硕的研究成果。[③] 但是，标语作为一种生动的载体，其在"国民精神总动员"运动的开展过程中是如何进行宣传的，其内容、策略、技巧及成效等却鲜有人论及。本文通过标语探究日本国民精神总动员运动发生作用的内在机理，揭露日本"举国一致"战争体制的危害。

---

① 刘建明主编.宣传舆论学大辞典［M］.北京：经济日报出版社，1993：866.
② 筑紫磐井.標語誕生！大衆を動かす力［M］.东京：角川学芸出版，2006：11.
③ 薄田千穂.国民精神総動員運動下の旧制高等学校寄宿寮：第五等学校習学寮の場合［J］.近代熊本，2016（38）；史桂芳.日本国内战争狂热的表现及其成因分析［J］.安徽史学，2016（1）：118-123.

一

1937年7月7日，以卢沟桥事变为开端，日本发动全面侵华战争。8月24日，日本近卫文麿内阁决议"为应对目下之时局，发起官民一体之大国民运动"，同时发布了国民精神总动员运动的实施纲要。根据实施纲要，国民精神总动员运动的目标主要是"发扬日本精神，举国一致协力应对非常时期经济"。为此，日本政府不仅设置了以情报委员会、内务省及文部省为主的全国性的"计划主务厅"，还在中央层面结成了有力的外围团体，并在各都道府县以其长官为中心设官民共同的地方实行委员会，各市町村也相应设置了以其长官为中心、动员各类团体加入的实行委员会，致力于将精神运动渗透至每个家庭。①

9月3日，近卫内阁为取得全体国民的支持，再次召集临时议会，以内阁告示号外及内阁训令号外的形式确立了举国一致、尽忠报国、坚忍持久的三大指标。27日，内阁决议指示，在内务大臣官邸，由松井茂、香坂昌康、中川望等9人发起召开了国民精神总动员运动中央联盟发起人会议。30日，又召集74个民间团体代表加入了中央联盟，并经发起人会协议，推举海军大将有马良橘为国民精神总动员运动中央联盟会长。②

10月12日，日本政府为发动全体国民参与该运动，在内务大臣马场锳一的斡旋及74个国内团体的积极配合下，在东京日比谷公会堂举行了国民精神总动员中央联盟的结成仪式。中央联盟按照选举、肃正中央联盟的模式结成，但两者的不同之处在于，前者尽可能网罗民间一切团体，后者则依一定的方针，从若干团体中选出其中最有力的团体结成。③

中央联盟结成后，鉴于时局，确立了"非外在的宣传的强调内面的精神的；非概念的说教的强调具体的实践的；非断片的单独的强调全体的合作的"三大活动方针，不仅要求成员之间率先垂范，而且也要求各加盟团体相互合作，展开实践运动。当年11月，又分别设置了后方支援、社会风潮、农山渔

---

① 資料日本現代史［M］10卷．東京：大月書店，1984：46.
② 翼賛国民運動史編纂刊行会編．翼賛国民運動史［M］．東京：翼賛運動史刊行会，1954：26-27.
③ 小林千秋．国民精神総動員運動概論［J］．自治研究，1938（2）：73.

村、家庭实践、实践网共5个调查委员会。此外，还在东京市内及地方大都市召开时局资料展览会、家庭报国展览会、思想战展览会、国防大博览会等以动员普通大众。不仅如此，还在各地官厅、团体、教育界、宗教界、妇女界等召开恳谈会，促进各加盟团体及地方实行委员会的活动。①

中央联盟成立后，马上组织开展了从10月13日明治诏书发布纪念日开始至10月19日的为期一周的国民精神总动员强调周。主要内容包括对出征将士的感谢、殉国英灵的景仰、后方支援一体化、克服非常时期的经济困难、勤劳奉公、锻炼身心等。②此后，又将从11月3日明治节至11月10日国民精神焕发纪念日的一周时间作为国民精神振兴周，还将从1938年2月11日宪法发布纪念日至2月17日的这一周，作为肇国精神强调周。届时所有的官公厅、学校等机构都将举行纪元节奉拜式、祝贺式等，当天上午10点，全国将同时鸣笛、拉响警报等。③

进入1938年后，近卫内阁宣布不再将中国国民政府当作对手，战争向着长期化发展。基于此，国民精神总动员运动也不再进行单纯的精神方面的动员，而是重视物质方面的动员。5月，国民精神总动员中央联盟会又增加了大藏省、商工省、厚生省、递信省、农林省等各省次官及众议院新闻关系方面共计15名理事，并承认了19个团体的加盟，大大扩充了组织实力。6月23日，日本政府发布了贯彻战争目的的集中物资供给计划，还成立了非常时期国民生活样式委员会。经过不分昼夜的商讨，做出了可立即着手的实践决定——在全国范围内开展节约消费、活用物资、奖励储蓄的大运动。7月7日卢沟桥事变爆发一周年之际，作为非常时期的措施之一，日本政府开展了"一户一品"的废品献纳运动。④

1939年1月，平沼内阁成立，为应对时局，政府决定强化国民精神总动员。3月28日，政府制定公布了国民精神总动员委员会官制，任命了60名相关官吏、贵族院及众议院议员、学界领袖等为委员会委员，负责国民精神总动员的各种企划。4月7日，委员会制定公布了国民精神总动员新开展的基本方针：第一，高举肇国之理想，建设东亚新秩序；第二，发扬国民精神，充实国力；第三，一亿同心、钻研业务、效诚奉公。此外，委员会还决定了彻

---

① 小松東三郎. 国民精神總動員運動［M］. 東京：国民精神總動員本部，1940：5-7.
② 国民精神總動員強調週［J］. 東京朝日新聞，1937-10-13（10）.
③ 国民精神振興週［J］. 東京朝日新聞，1937-10-24（10）.
④ 小松東三郎. 国民精神總動員運動［M］. 東京：国民精神總動員本部．1940：5-7.

底认识时局，活用物资节约消费，应对时局促进政治、社会，刷新公私生活，迈入战时体制，提倡勤劳，增强体力等方策。为使各种实践事项能被严格贯彻执行，政府还大力整顿地方机构，布设执行网，致力于培养各行各业的领导者。1939年下半年，政府还致力于宣扬敬神思想、彻底稳定物价运动、展开节米增粮运动、植树报国运动等。①

此后，鉴于在国民精神总动员运动过程中，总动员委员会、中央联盟、政府之间虽然保持着密切的联系网，但是相互鼎力的局面下也难免有一些龃龉。1940年4月24日，为更有效地开展国民精神总动员运动，国民精神总动员中央联盟宣布解散，另行组建国民精神总动员本部，内阁总理米内光政兼任会长。与在中央设置本部相对，日本各地都设置了地方本部，由各地方长官兼任。国民精神总动员本部成立后，着手展开战时粮食报国运动、杜绝奢侈运动等，取得了一定的成效。但是到当年10月，更大规模的大正翼赞运动兴起后，持续三年的国民精神运动最终被取代。②

二

国民精神总动员虽然名为精神运动，但是目的却在于动员国民，强化后方支援。国民精神总动员中央联盟成立之后，利用一切机会千方百计地动员各阶层国民。《国民精神总动员中央联盟规约（1938年3月）》第三条规定该会活动内容为达成国民精神总动员的趣旨，主要是对印刷品制作及发布，电影、唱片等制作进行指导，或召开讲演会、邀请讲师、对未加盟的其他团体的国民精神总动员活动进行指导等。③

为此，仅1937年10月至翌年3月，不仅在东京、京都、仙台、横滨、大阪、熊本、札幌、函馆等主要城市邀请陆海军军官、议员、各官公厅长官等组织召开大型讲演会46场次，还向各加盟团体及地方派遣讲演讲师达494名。此外，还面向联盟成员，日本全国各大城市，全国所有町、村，各省，各政党、两院议员，全国各主要新闻报纸社印刷各类宣传册近70万份。当年

---

① 小松東三郎. 国民精神総動員運動[M]. 東京：国民精神総動員本部，1940：8-11.
② 小松東三郎. 国民精神総動員運動[M]. 東京：国民精神総動員本部，1940：14-17.
③ 小松東三郎. 国民精神総動員運動[M]. 東京：国民精神総動員本部，1940：17.

12月,为进行更加有力的宣传,启发民众。中央联盟还创刊《国民精神总动员》报,每月1日、15日各发行一期,每期7万份,送给全国各小学、中学、专门学校、大学、警察署、公立和私立图书馆等。①

为达到鼓舞动员的直接效果,这些报纸、宣传册、海报、传单等都大量使用大字标语。其中"国民精神总动员"自然就成了这一时期最有名的标语。此后,以此为基础为培养提高国民的战争意识,营造战争的氛围,创造产生了很多标语。如"国民精神总动员——日本精神在于实践""国民精神总动员——劳动报国""国民精神总动员——坚忍持久""国民精神总动员——努力生产""国民精神总动员——宣扬国威""国民精神总动员——刷新生活""国民精神总动员——邻保相扶"等。这些标语的副标题都是国民精神总动员,它们被广泛运用在各类如收音机、保险、劳动、储蓄、生活等的宣传和广告当中,其根本就是要践行所谓的"日本精神"。而所谓的"日本精神"的内容,被国民在何种程度上理解姑且不论,只是为了营造一种走向战争的国民意识的氛围。这种标语和动员之间的关系,正如韩承鹏所言:"标语口号之目的就是动员,而动员也必须借助于标语口号来增强民众的自觉性,形成共识,来更好地组织人力和物力。"②

1938年2月11日(日本纪元节),为发扬日本精神,国民精神总动员中央联盟为响应政府在1月16日发布的战争长期化的声明,为启发国民的觉悟,在全国范围内发起了"国民精神总动员第二次强调周"活动。此次活动期间,中央联盟向各府县派遣讲师77名,组织讲演会82场。印刷各类海报、宣传册、传单、明信片等高达498万份,几乎覆盖了每个家庭。③ 这些宣传物上,"长期战""坚忍持久""日本精神""敬国旗""天壤无穷""八纮一宇""尽忠报国"等大字标语更是跃然纸上,深入人心。政府的决策就是通过这种无处不在、不断地重复"在头脑中生根,并且这种方式最终能够使人把它当做得到证实的真理接受下来。"④ 勒庞认为"一旦受到某种持续的刺激,大众

---

① 小松東三郎. 国民精神総動員運動[M]. 東京:国民精神総動員本部,1940:158-181.
② 韩承鹏. 标语口号文化透视[M]. 上海:学林出版社,2010:3-4.
③ 小松東三郎. 国民精神総動員運動[M]. 東京:国民精神総動員本部,1940:206.
④ [法]古斯塔夫·勒庞. 乌合之众——大众心理研究[M]. 冯克利,译. 北京:中央编译出版社,2004:102.

的情感强度就会像不受控制的惯性运动一样，不断攀升。"①

日本政府耗费了大量的人力、物力，投入了大量的政治资本，推动国民精神总动员的开展，除定期开展例会以外，还开展了诸如节约报国、储蓄报国、废品回收、增加生产、节约物资、爱护乡土、劳力保全等名目繁多的社会运动。这些运动在宣传、动员之时，不仅标语被大量广泛地使用，而且标语的副标题很多均标注有"国民精神总动员"字样。

为了让对时局的认识渗透进各个家庭，在日常生活当中也能体现尽忠报国的精神，中央联盟还在全国范围内发起了家庭报国的运动，并通过各加盟团体、政府、地方官厅等贯彻落实到每个家庭。为此还制定了十四项详细的实践要目。例如，每天晨起遥拜皇大神宫，祈祷皇室的安泰；祝祭日高唱国歌；勤俭、节约，穿着朴素；厉行徒步；废物回收利用；改不正之风；节酒禁酒；食物以营养本位、避食精米；等等。

为了更加彻底地贯彻这些家庭实践要目。1938年6月23日，日本政府临时内阁会议通过了今后要彻底实行的十项内容，致力于确立官民一体的非常时期的国民生活样式。国民精神总动员中央联盟也于27日召开理事会，称为更加有效地展开储蓄运动，务必要改革目前的国民生活方式，在全国范围内兴起一次国民运动，推行非常时期的简素生活样式。具体内容包括：服装俭素，发容不模仿外来；婚丧嫁娶等做到简单朴素；金钱、毛纺、编织、纸、燃料等厉行节约，尽量做到回收利用；成年人励行禁酒、节酒，未成年人禁烟禁酒，改变晚上熬夜、早上睡觉的恶习；食物以营养为主，主食以七分捣米或半捣米为主等。在国民体质不下降的范围内，改革生活方式。②

文部省积极响应，为改革社会风潮、改善新生活、让这些具体内容深入人心、更方便执行，制定了十条简洁的标语："克服时艰团结一致""以不动的精神忍受困苦""协力一致加强后援""身为劳动者须为国劳动""全力以赴""打破陋习精神重于形式""下功夫活用物资""比起舶来品还是国产品""厉行节约增强国力""能胜于战斗不败于骄奢"。然后借助铺天盖地的宣传，将政府的决议落在实处，贯彻在每个阶层国民的日常生活中。

首先受到政府发布的国民生活改善运动影响的就是各个家庭的厨房。为

---

① ［法］古斯塔夫·勒庞.革命心理学［M］.佟德志，刘训练，译.长春：吉林人民出版社，2004：12.
② 国民精神総動員中央連盟理事会の開催［N］.朝日新闻，1938-6-28（10S）.

此，国内各妇女团体迅速行动，利用妇女团体联盟机关杂志《联合妇人》及宣传册等，呼吁以新生活方式纲领的发表为契机，动员掌管各家庭厨房的家庭主妇，积极开展生活改善运动，要求人们在生活中养成俭约的习惯。

"刷新生活""节约物资储蓄报国""一张纸也是祖国的宝物""节约物资感恩生活""百万之富从一钱起""废品活用兴亚之资""以储蓄参加圣战""一亿一心百亿储蓄""储蓄奉公""以持枪之觉悟勤俭储蓄"等标语，均旨在提倡生活的勤俭与节约，可以看出当时日本在资源方面已经显示出了种种不安。为此，政府举国总动员，要求国民生活简易化，厉行节俭，并厉行禁酒、节酒，在婚丧嫁娶上也倡导简单朴素。①

在国民精神总动员过程中，标语作为一种最简洁、直接的宣传手段，伴随着报纸、宣传册、传单等深深地渗透到普通民众的生产生活中，并通过反复不断的重复，加深人们的印象，在潜移默化中引导民众支持官方的决策。标语"作为意识形态的话语体系，通过其内在的逻辑结果及其日常话语表达的叙事内容、语汇重点、先后顺序和语气强弱等，不断强化对社会大众的心理规训和语言顺从，以使其适应并顺从社会的结构性强制安排"②。

三

国民精神总动员运动自发起后，取得了非常显著的效果。中央联盟成立后，制定了《家庭报国三纲领实践十四要目》，为培养国民的日本精神，鼓舞战争长期化下国民的意气，强化国民对国旗、对皇室恩典的感激，提出了"祝祭日升国旗"的实践要求，在全国范围内掀起了轰轰烈烈的升国旗运动。其实施方式是向各加盟团体、各都道府县发放"日之丸问答"宣传册、海报、传单等。其中海报发放了两种共51万份、传单三种共360万份。并在各加盟团体、都道府县、各小学等的配合支持下，组织升国旗劝奖队，在街头巷尾巡逻、监督，并向各家庭发放相关传单，提醒注意升旗等。以东京为例，首先，在市内各区联合青年团的配合下，掀起彻底的劝奖升国旗运动；其次，

---

① 朝日新聞［J］夕刊，1938-6-28.
② 薛小荣. 胜利式话语与苏共意识形态的发展困境［J］. 江西师范大学学报（哲学社会科学版），2016（1）：58.

还在市区役所、警察署等的支持下,大量发放宣传海报等;最后,还向全市所有的小学散发了35万张升国旗传单,取得了非常好的成效。以东京为例,升国旗运动开展前的1937年12月25日大正天皇祭日当天,东京新宿升旗比例仅16%左右,而在运动开展后的1938年2月11日纪元节当日东京深川区的升旗比例高达99%,最低的中野区也有60%,平均接近90%。[1]

卢沟桥事变后,据统计,日本的军费预算超过了国家预算的30%,据估算每年的金融机关储蓄额至少需要七八十亿日元,是平常的三倍,其财源则依赖于国民的节约和储蓄。1938年4月8日,日本全国储蓄银行协会在丸内银行集会,决议开展储蓄报国,并制定了80亿的储蓄目标,号召国民不仅应该为个人经济生活储蓄,更是作为国策支援国家。[2] 为实现这一巨额储蓄目标,5月5日,日本政府决定将6月21日至27日的这一周定为国民精神总动员储蓄报国周。[3] 国民精神总动员中央联盟为响应政府号召,通过东京都下属所有小学,向全部家庭散发了一百多万张宣传单,开始了储蓄报国的大运动。此外,还通过东京爱市协会、东京妇人爱市协会等向其下属的全市所有经营蔬菜、鱼、洗涤、烟草、理发等的2万多家店铺散发了40多万张传单,进行国策宣传。[4] 并且还定时在各大新闻报纸上公布储蓄金额上涨状况,制造出一派竞相储蓄的社会景象。

这一时期所有的传单、宣传册、报纸等媒体的显著位置都是"储蓄报国""储蓄!建设强大的日本""一死奉公一心储蓄""无言声援后方储蓄""最后的胜利在于后方储蓄""决死出征必死储蓄""前方皇军后方储蓄"等大字标语。可以说"储蓄"两个字通过各种加工,结合各种元素,通过各种方式已经深深地渗透到民众生活的方方面面。

不仅如此,6月的"国民精神总动员储蓄报国强调周"[5] 为方便储户储蓄,银行和邮政都执行周末无休,正常上班。6月21日当天,印有"80亿储蓄报国"标语的旗帜飘扬在全国所有的邮局、车站、集会所等场所,另外还通过妇女团体向全国的家庭主妇发放了"储蓄为国为己"的海报,通过各工

---

[1] 小松東三郎. 国民精神総動員運動［M］. 東京:国民精神総動員本部,1940:199-200.

[2] 貯蓄報国一けふ貯蓄銀行大会の決議［N］. 朝日新聞,1938-4-9(09).

[3] 国民精神総動員一貯蓄報国週［N］. 朝日新聞,1938-5-6(10).

[4] 子供から父兄へ、台所から家庭へ、貯蓄報国のだい宣伝［N］. 朝日新聞,1938-5-10(10).

[5] 国民精神総動員貯蓄報国強調週［N］. 朝日新聞,1938-6-15(10).

厂向工人劳动者散发"左手锤子右手储蓄单"的宣传册,还让各个学校的校长通过公开讲话等形式,向学生讲解储蓄的必要性。当天下午在东京日比谷公会堂还举行了妇女演讲大会,大藏省池田藏相抽时间进行了演说,呼吁举国协力实现目标。在当晚的活动中,东京市长及财界主要负责人也都参加了演说,号召各家庭召开战时家庭会议,践行储蓄报国运动。

全国储蓄银行协会还组织召开了面向小学生的关于储蓄报国的征文大赛,收到东京都下属各小学投稿共计 830 篇,征文大赛结果在翌年勤俭储蓄纪念日(3 月 10 日)发表,决定奖励一等奖 1 篇,二等奖 2 篇,三等奖 5 篇,佳作 20 篇。① 可以看出,为了实现这 80 亿的储蓄目标,日本几乎动员了全部的力量。"在一定条件下,群体与个体表现出截然不同的心理特征,群体易于产生激情。因为群体不易确定具体的责任者,所以,群体可能会更有破坏性。群体的激情心理最容易相互激荡感染,彼此效仿,形成一种排山倒海的力量。"② 在举国上下、铺天盖地的宣传、动员下,到 1939 年 6 月,第二次国民精神总动员储蓄报国周结束时,全国储蓄银行的储蓄金额已经比前年增加了两倍。③ 其成效可见一斑。

从总体上看,通过国民精神总动员运动日本将全体国民卷入战争体制,而各种高度简洁、凝练的标语和口号又将政府的决策深入到每个家庭的生活日常中。随着中日战争的持续,无处不在、重复不断、日积月累的宣传最终将国民精神总动员变成了民众的生活日常。从此,个人的私生活"一刻也不能忘记为天皇的国家服务,甚至吃饭、睡觉时都要牢记尽忠报国"④。

四

卢沟桥事变后,日本政府为贯彻蓄谋已久的侵略中国的目的,制定实施了国民精神总动员运动。为了能够最大限度地调动民众参与战争的积极性、主动性,实现对民众的政治鼓动和精神动员,日本政府适时发起了各种各样的社会运动。从中央到地方,再到各个家庭,从政府到民间团体再到个人,

---

① 貯蓄報国懸賞徴文 [J]. 朝日新聞, 1939-03-10 (10).
② 韩承鹏. 标语口号文化透视 [M]. 上海: 学林出版社, 2010: 3-4.
③ 国民精神総動員貯蓄報国週 [J]. 朝日新聞, 1939-06-22 (10).
④ 史桂芳. 日本国内战争狂热的表现及成因分析 [J] 安徽史学, 2016 (01).

国民精神总动员的触角不仅覆盖日本全境，而且也深入到每个人的私人生活空间。

在具体实践中，标语以其简洁凝练的语言将日本政府的政策和主张高度浓缩，然后通过大众传媒方式，迅速地传导至普通民众，成为战时民众教育和政策宣讲的有效手段。这一时期，"标语口号多而且滥，以激动情感为主，跟所谓登高一呼、大声疾呼也许相近些"，"这是起哄，这是叫嚣，这是符咒，这是语文的魔术。然而这里正见出了标语口号的力量"[①]。标语既是国民精神总动员运动或者说是战争动员的产物，又成为国家或政府意志参与民众生活的一种实现形式。标语的内容一方面反映了战时日本民众生活的一种特殊样态，另一方面作为日本政府鼓动人民以各种方式报国奉公、牺牲奉献的意识形态表达，发挥了强大的宣传鼓动、凝聚人心的作用，将全体国民纳入了法西斯体制。

---

① 朱自清. 标准与尺度［M］. 北京：生活·读书·新知三联书店，2014：45-46.

日本黑社会的前世今生

最近，有一则新闻引起了日本舆论的热议，因涉嫌"非法捕鱼"，日本警方搜查了一家位于长崎的人气居酒屋。意外的是，该店经营者的丈夫竟然是日本赫赫有名的黑帮——山口组下属组织的组长，手下还有几名小弟。于是，大名鼎鼎的黑帮"山口组"秒变"非法捕鱼小分队"。曝光后，很多日本网民都感叹，曾经叱咤风云的黑帮成员，竟然为了生计非法捕鱼，颇感心酸。

山口组，是盘踞在日本兵库县神户市的日本最大规模的黑社会组织，其成员遍布日本43个都道府县。据2014年美国《财富》杂志报道，山口组是每年依毒品贩卖和赌博等非法手段获利高达66亿美元的世界最大黑社会组织，总收入则高达800亿美元。如果将山口组当作企业来看，其收入仅次于日立的959亿美元，位列日本第八。

一

山口春吉，1881年出生于兵库县津名郡仮屋浦。1910年前后，他在淡路岛靠打鱼为生。随着神户港海运的发展，山口随后告别打鱼生活来到神户港，在仓桥组下出卖苦力谋生。未几，其超凡的体力和领导力获得上司的赏识，被委任为所在小组的"头儿"。1912年，进入负责神户港造船所保卫工作的大岛秀吉领导的大岛组，很快就在大岛组崭露头角。

1915年，山口春吉在神户港组织了50多个码头装卸工，创设了以供给码头装卸工为主要业务的山口组。之后，山口组不仅专事装卸工作，还从事浪曲（说唱艺术，又叫浪花曲和难波曲）演出事业，由此确立了日后山口组的基础。

1925年，山口春吉隐退，其长子山口登成为山口组第二代大当家，围绕神户中央批发市场开设相关的利权，与大岛组对立，相互展开了激烈的争斗。结果山口组垄断了该市场的搬运工作，1932 年从大岛组独立出去。

1940 年，山口登在一次与东京另一个黑帮的冲突中受重伤，两年后去世，山口组受到重创。1946 年，山口组第三代头领田冈一雄上台时，山口组只剩下 33 人。而到 1980 年田冈去世的前一年，山口组已经发展到覆盖日本 2 府 33 县，共有 559 个团体、11800 人，田冈凭此辉煌的业绩被奉为山口组的"中兴之祖"。

田冈 1913 年出生在德岛县三好郡三庄村一户贫困的农家，出生时其父已经去世。1919 年，一年级时其母亲也因劳累过度而死，不得已投靠其叔父生活。在寄人篱下的生活中，田冈不仅遭遇了叔母的冷遇，也经常遭受醉酒叔父的毒打。

1927 年，田冈终于熬到了高小（高等小学高等科）毕业，旋即进入当地的川崎造船厂做了一名见习工人。可惜好景不长，在两年后的一次工作中，与上司发生冲突，田冈动手打了对方，不得不辞职离开。那时，如果田冈选择给上司低头道歉，估计后来也就不会有山口组中兴之祖田冈的出现了。

田冈从造船厂离开后，每天无所事事。一天，恰好遇到了同级好友山口秀雄。山口秀雄是田冈在高小时的同级生，山口组第二代大当家的组长山口登之弟，受秀雄之邀，田冈离开了叔父家，住进了山口组的寄宿舍。这是他迈入黑道的第一步。

在田冈还徜徉在神户市内的红灯街以及一些新开发街道的红灯酒绿中时，1929—1930 年，时代发生了巨动。美国华尔街股市的暴跌引起世界经济危机，日本也无法幸免，一时间，失业者增加。而右翼的佐乡屋留雄不满政府的消极应对和对陆军的改革，在东京车站袭击了当时的日本首相滨口雄幸。在流行煽情、颓废、堕落的时代，麻将开始在日本社会逐渐普及，受到人们的欢迎。

此时，山口登已经继承组长职位，成为山口组第二代领头人，正雄心勃勃地扩张黑帮事业，不仅在传统的港口事业和浪曲界，其触角也伸向了相扑等领域。田冈此时则正在山口登的舍弟古川松太郎手下见习，进行所谓的黑道修行。

1934 年，神户港发生了劳动者要求改善待遇的海员争议，公司方面委托山口登组长代为调停，山口组西田幸一、田尻春吉作为代理人出席会议，期间发生了争斗，西田被杀，田尻受重伤，得到消息的田冈携一把日本刀冲进了海员组合本部，砍伤了组合的部分干部，引起了轰动。他旋即以伤害罪被逮捕，被判 1 年，在神户刑务所服刑。第二年 10 月刑满释放。11 月便与深山文子结婚。此时，田冈 23 岁，婚后未几，田冈收到了山口登的杯盏，正式成为山口组组员。

1937 年 2 月，田冈与曾经的山口组伙伴大长八郎发生争执，被大长的无理激怒，一刀将其杀死。他再次被捕，被判 8 年的刑期。1943 年，受天皇恩典，提前出狱。而此时，山口登组长被同为黑道的笼寅组组员袭击身负重伤，已于前一年的 10 月去世。

可以说山口组在面临涣散崩溃之际，迎来了田冈的出狱。田冈集结了一些山口组原干部，组织成立了山口组兄弟会，着手重建山口组。

二战结束，日本被炸成了一片废墟，一些不良外国人在废墟上肆意横行、抢劫，破坏了生活秩序，田冈组织成立自警团进行抗争，守护着当地的治安。

二

在众人的推举下，1946 年 10 月，田冈终于成了山口组第三代组长。1948 年，田冈在神户松竹剧场邂逅了被誉为日本天才少女歌手的美空云雀，又在神户港组织成立港洞会，自任会长。1953 年 1 月，成立了甲阳运输，并就任公司社长。

1956 年 8 月，日本全国港湾运输振兴协会成立，致力于团结港湾工作人员，提高生活水平，田冈就任副会长兼神户支部长。此外，此时山口组涉及的艺能、相扑等领域也向公司化发展，神户艺能社应运而生，田冈任社长。1958 年，田冈就任当时日本非常有人气的摔跤协会副会长，以及由美空云雀领衔的云雀社副社长。

在武斗领域，1957 年 4 月发生了别府抗争事件（山口组系的石井组和当地井田组的抗争），以此为开端，同年 10 月在德岛小松岛市爆发了小天龙组组长被枪击的"小松岛事件"，山口组系的小天龙组率 110 多人在当地福田组事务所举牌示威，给反山口组的福田组造成了巨大的压力，之后在自民党议员小西寅松的调停下双方达成和解。1960 年 8 月，大阪青城俱乐部，山口组将战后混乱期中成长起来的在日朝鲜人势力一举剿灭，山口组自此可以顺利进出大阪。

此后，山口组展开了所谓的"全国进攻作战"，在地道行雄的指挥下，将山口组势力从北海道扩张至九州，山口组的组织力、战斗力、资本力自此在日本成为家喻户晓的传说。

山口组中有力的武斗派有地道派、菅谷派、柳川派、小西派等先头部队，所到之处都引起一系列的流血事件，出现不少死伤。例如，1962年福冈市的"博多事件"、翌年的"广岛代理战"、64年的爱媛县"松山事件"等：山口组所到之处皆是血腥的争斗。

一系列事件不断重演的背后，是山口组资金和势力的急剧扩张。当时，山口组势力在全国35府县拥有559个团体，组员达1万多人，成为日本国内最大的黑帮组织，田冈也被誉为日本黑帮山口组的"中兴之祖"。但是，山口组的"全国进攻作战"，所到之处都制造了一系列的重大流血事件，破坏了社会的稳定，导致日本社会的不安，引起了日本警察厅的重视。在东京奥运会召开之际，日本警视厅为重建安定的社会秩序，专门成立针对山口组的"山口组集中取缔本部"，开始进行所谓的"顶上作战"。

1965年至1966年，山口组的最高干部接连被捕，田冈也不得不辞去了甲阳运输社长、全国港湾振兴协会副会长等职，国税厅也对其家进行了搜查。田冈在其自传中也大吐苦水："1966年，是多难的一年。"

由于长年积劳加上心力交瘁，1965年6月，田冈终于倒下，被迫入院治疗。在住院期间还多次接受了警方和检察院的临床讯问，好不容易痊愈出院，时间已是1972年12月。

据田冈的主治医生回忆，田冈虽为日本最大黑帮领袖，却是非常重礼仪、重信义、很绅士的一个人。田冈出院后致力于重振山口组雄风。在这期间，1978年7月，在京都东山被当时的反山口组组织"大日本正义团"组员鸣海清枪击，受了重伤。山口组为此集结了全部力量展开了被称之为"大阪战争"的报复战。而鸣海清则后来在神户东北部六甲山附近一单人宿舍外被发现坠崖身亡。

1981年7月，田冈因急性心力不全去世，结束了他的一生。

三

代理山口组第四代组长位置的是山口组原二号人物山本健一，但遗憾的是一年之后，山本健一也因病去世。接连两位高层领导的去世，加速了山本组内的混乱。在空缺三年之后，1984年6月5日竹中正久宣布继任山口组第四代组长，但这引起了山口组代组长山本广等人的不满。6月13日山本广率半数干部宣布脱离山口组，结成一和会。

1985年1月26日，在大阪府吹田市的一栋住宅中，竹中正久与山口组二号人物中山胜正被一和会系组员狙击，两人受了重伤，翌日死亡。山口组见头号和二号人物一起被杀，当即展开了报复，这场号称"山一抗争"的事件共导致一和会方死19人、伤49人，山口组方死10人、伤17人，抗争中直接被捕者达560人，为日本历史上最大规模的黑帮间争斗。1989年3月，山本广出现在神户市东滩警察署，在宣布自身引退的同时，解散了一和会。自此，这场长达4年的内讧结束。

随着日本进入平成时代，率领山口组系山健组的渡边芳则人气见长，成为山口组第五代组长。1992年日本颁布实施《暴力团对策法》，据警方统计，其时山口组统率的组织势力超过1963年，有120多人。1995年1月17日，日本战后最大的阪神淡路地震发生后，渡边身先士卒，率领全体组员第一时间展开灾后救援。1997年8月28日，山口组二号人物宅见胜被同属山口组的中野会组员枪杀，山口组受到重创，之后陷入长期的混乱。2004年渡边将山口组运营权交于执行部，2005年7月，突然宣布引退。篠田建市继任第六代组长，但是因涉非法持枪等罪名，于同年底收监服刑六年。2011年出狱后，篠田继续担任山口组组长，一直至今。

2015年8月，篠田出身的名古屋弘道会与位于关西的山健组等诸团体的不和公开化，山口组陷入事实上的分裂。9月，宣布脱退的13个团体和新加入的1个团体宣布结成新的神户山口组。分裂后，神户山口组与山口组之间发生了各种事件，在全国范围内达49起，被警察厅认定为长期对立抗争状态。2017年5月，神户山口组再次分裂，出现了新的任侠山口组，山口组事实上已经分裂成为三个团体。

随着尚在服刑中的山口组二号人物2019年10月的刑满释放，分裂后的三团体间的争斗是否会再次升级，会给日本社会带来了多大程度的影响，日本警视厅一直在密切关注。但无论如何，长期的内讧，不仅让山口组整体的资本实力大打折扣，显而易见，也给成员的生活带来了不小的影响。虽然分裂后的山口组三团体仍被官方指定为合法存在，但如果将来三团体间的火拼升级，影响到日本社会治安，恐怕能否继续存在也将成为悬念。

艺妓在日本是怎样的存在？

她，被誉为近代日本第一美女，曾先后让西园寺公望①、木户孝允②、伊藤博文③等日本近代一批大人物拜倒在自己的石榴裙下。据传，伊藤博文为抱得美人归，曾豪掷15 000日元，仅仅是要为她定做一套衣服。要知道，作为明治政府第一当家的伊藤博文月薪虽然高达500日元，但为这套衣服，伊藤也需要不吃不喝工作两年半。而彼时，普通老百姓每月的收入也就10日元左右。她，叫江良加代，只是当时京都祇园的一名艺妓。

一

位于京都的祇园是日本历史上最著名的艺妓花街，日本历史上最早的艺妓就诞生于此。在艺妓最繁盛的19世纪，据说，这里的艺妓最多的时候有三千多人。1862年3月，江良加代就出生在京都祇园附近。得地利之优势，江良从小就被送入祇园井筒屋学习歌舞。她聪慧漂亮，非常擅长表演，刚一出道就被时人称赞为"夺牡丹、百合之妍"，而关于她美貌的佳话也开始在京中流传开来。

西园寺公望是德大寺公纯家的次子，1849年12月出生于京都，为日本东山天皇（1675—1709）的六世孙，幼时被过继给西园寺家，这两家均属仅次

---

① 1849—1940，日本明治、大正、昭和的三朝元老，20世纪初与山县有朋的弟子桂太郎交替出任日本首相，史称"桂园时代"，大正时期的日本首相都是由他一手推荐的。
② 1833—1877，明治时期武士、政治家，曾参加起草明治政府的指导纲领《五条誓约》，是明治政府的核心人物之一，与西乡隆盛、大久保利通并称"明治维新三杰"。
③ 1841—1909，日本政治家，明治九元老之一，日本第一任内阁总理、枢密院院长、贵族院院长、首任韩国总监、明治宪法之父。

于"五摄政"家（近卫、九条、二条、一条、鹰司）的"九清华"家（久我、三条、西园寺、德大寺、花山院、大炊御门、今出川、广幡、醍醐）。"五摄政"是镰仓时代以来专门出任摄政、关白的家族。"九清华"是近卫大将军以来能够官至太政大臣的家族。西园寺公望幼年就成为西园寺家的族主，4岁起敕任孝明天皇侍从，8岁起封右近卫少将，13岁加封右近卫中将。1868年明治维新后，西园寺被任命为新潟府知事。但他意不在此，在东京待了没几天，就私自溜回京都。此时，江良在京都的人气正盛，西园寺对其也是一见钟情，为之倾倒，欲迎娶加代为正妻。

西园寺为皇族出身，属于神的子孙，因此，其家祖上世代无正妻，只有妾等侧室。不仅如此，作为皇族子孙居然想和艺妓结婚，这近似疯狂的做法不仅招来了家族的强烈反对，甚至还惊动了明治天皇的皇后，也出面表示反对。连皇室都觉得此举有损皇家形象，西园寺这才罢休，在争论数月之后，又将加代盛装送还京都。虽然加代最终未能和西园寺成婚，但是西园寺家的声望却无形中为加代做了最好的宣传，她作为"天下绝世美女"的名声越来越高，成为众多王公贵戚相互争夺的对象。

继西园寺之后，明治政府的当家者之一木户孝允也对江良加代展开了追求。木户其时已经迎娶了一位艺妓为妻，但是他对江良一见倾心，曾支付了3000多日元作为加代的服装费用。木户曾将加代安置在东京，一得空就与江良厮守一起。但不幸的是1877年木户孝允突然病死，江良加代颇受打击，宣布再不出京都祇园。

而听到木户的死讯后，伊藤博文觉得机会来了。伊藤立即派人向妈妈表示"加代不出京都祇园，有点可惜，得想办法让加代出来，无论花多少钱"。妈妈则提出，如果伊藤愿意支付加代的全部服装费的话，加代可以出来。于是，在支付了15000日元后，加代被打扮成天皇女中（皇妃）的模样，牵着一只洋狗再度出来，侍奉伊藤。但是三年未到，加代却选择离开伊藤，做了三井财阀代表之一的三井源右卫门的妾。加代名义上虽为妾，但却是事实上的正妻，之后生了四男二女，安度余生。

回顾加代的一生，除西园寺公望、木户孝允、伊藤博文等明治政府的要员外，和其保持关系的据说还有明治政府的外务大臣井上馨，大阪的豪商、明治时期日本关西地区首屈一指的财阀、藤田财阀的创始人藤田传三，以及高锅藩主秋月长门守等。

二

"手抱三弦上画楼,低声拜手谢缠头。朝朝歌舞春风里,只说欢娱不说愁",① 晚清驻日公使馆参赞黄遵宪的这首写艺妓的诗,可谓一语中的,深中肯綮。艺妓不同于妓女,她们都浓妆艳抹,满脸粉黛,身着十分华丽的和服,做工、质地和装饰都挑选最上成的,价格非常昂贵,远看像雕饰华美的人偶。

艺妓形成于日本江户时代(1603—1868)。据传,当时日本岛根县的一位女祭司为重建寺庙,一路向京都布施,为获得更多人的捐助,她改革传统的念佛舞,由于改革后的舞蹈比较妖娆,引起经过的青楼女子的群起效仿。

而后,一些下层武士比较集中的茶屋的经营者为招徕顾客,开始邀请一些民间艺人助兴表演,这些有女性也有男性。幕府也为增加政府税收,一方面严格禁止私娼,一方面还划出特定的地方,专供舞蹈。但是没过多久,江户幕府便以有伤风化为由,下达了禁令。但是禁令并不能阻挡下层武士及庶民的需求,一些青少年男性开始被装扮成艺妓模样再度登上舞台,而舞蹈也在不断的改革中走向成熟。

18世纪以后,艺妓作为一种职业逐渐合法化,一些艺妓馆专门招募一些民间女子,使其学习三味线(日本传统乐器,类似于中国的三弦)、唱净琉璃,以慰安为名,由称作妈妈的人陪同,专门在一些高级茶屋、料亭、艺妓馆表演。之后,为了与暗娼竞争,一些茶屋开始相互约定,卖艺的不准卖身。由此,艺妓与妓女开始分离,为了形成区别,艺妓们修改了她们的着装,将传统和服的带子在背后打结,衣领也统一采用白色,和服也有了严格的规定,不同的款式和颜色都有不同的象征意义。

日本的艺妓多来源于喜欢这一充满浪漫情调行业的女子,许多具有较高文化素质的家庭也以女儿能进入艺妓这个行业为荣。由于培养艺妓的成本很高,艺妓就不仅仅代表其家庭的文化素养,更是家庭实力的象征。"艺妓未必年轻貌美,却风情万种;未必身材窈窕,却长于轻歌曼舞。"然而想要成为一名合格的艺妓绝非易事,有志于进入这一行业的女孩在10岁左右就被送进艺妓馆,开始长达5年或更长时间的系统学习。

---

① 黄遵宪. 日本杂事诗[M]. 北京:朝华出版社,2017:133.

在此期间，女孩子一般要学习大到诗书礼仪、舞蹈、琴瑟、茶道、花道、书法、谈吐、装扮，小到如何优雅地推拉门，如何走路，如何给客人斟酒、饮酒，讨客人欢喜，等等。艺妓在入职前要经过培训，这时候的艺妓不叫艺妓，叫舞妓或芸妓，类似于见习艺妓，她们白天要在专门的学校学习歌舞乐器，晚上去侍奉客人，置酒屋会安排艺妓做舞妓的"姐姐"，教给她做艺妓的技巧。一般来说，舞妓学满三到五年，如果足够优秀就可以"更领"（更换服饰）成为艺妓。只要不结婚，艺妓可以一直工作到老，一旦选择结婚，就必须隐退。

艺妓内部有一套严格的职业规则——不接生客只卖艺，不卖风骚更不卖身。客人基本都是熟人推荐或者懂得艺妓艺术的人。由于艺妓的培养时间和金钱成本非常高，只有一掷千金的达官显贵、富商巨贾才是艺妓的真正主顾。而能拥有一个随叫随到的艺妓也被认为是身份和地位的象征。

三

前文中提到的伊藤博文，相信很多中国人都不陌生。伊藤一生中结过两次婚，第一任夫人入江隅子是松下村塾中被誉为"四天王秀才"之一的入江九一的妹妹。入江与明治维新的杰出志士高杉晋作齐名，是伊藤的前辈。入江志于学问，与松下村塾中的志士交流频繁，就在这样的过程中，伊藤与隅子相识，1863年二人喜结连理。

梅子出生于今日本山口县，之后成为赤间关稻荷町"伊吕波楼"的养女，再后来以"小梅"之名，作为一名艺妓在龟山八幡宫的一家茶屋工作。1864年，伊藤从英国回国，与小梅相遇。

其时，日本经佩里扣关，被迫签订了《日美友好通商条约》，内忧外患交困，国内势力开始分化。伊藤所在的长州藩也分化成了保守和激进（攘夷派）两派。留学归国的伊藤则主张开国论，既激怒了保守派，也遭到了激进派的反对，被到处追杀。不得已，伊藤逃到了龟山八幡宫。在一次追杀中，他得到了梅子的保护，躲过了一劫。自此，伊藤倾心于梅子。但其时，他已经成婚，两人陷入了一场不伦之恋。之后，伊藤听说梅子父亲将梅子卖身抵债，不顾一切与前妻离婚，将梅子赎出后两人结婚。

婚后，两人虽然育有两男两女，但伊藤对艺妓却情有独钟，不仅未有丝毫收敛，反而变本加厉，到处寻欢作乐。伊藤掌权之后，曾命人在横滨开设茶屋"富贵楼"，专招艺妓，方便其寻欢，伊藤的这种癖好一直持续到晚年。或许是由于梅子自身的艺妓出身。据传，伊藤每次寻欢后，梅子都会在送客时递上一份小礼物，并说"我家那位公务特别劳累，你能来是对他最大的慰藉，有时间还望多来哦"。

伊藤梅子作为日本近代史上第一位第一夫人，历史上名声非常不错。伊藤博文在掌权后，由于家中来访的外国人增加，梅子为替夫分忧，主动学习英语、汉字，还学作和歌（近似于日式诗歌），学跳社交舞。通过自身的不懈努力，从最初的一字不识到后期可以替伊藤代笔，用英语写信，还曾与明治天皇皇后作和歌赠答。

近代日本历史上，为明治维新立下赫赫功劳的艺妓尚有很多，比如著名的中西君尾。中西出生于武士家庭，因父亲被仇人杀害而家道中落，最终不得不进入艺妓界，在一个名叫"鱼品"的茶屋内表演。当时，幕府和维新派两大势力展开了激烈的竞争，两派人物都经常以一些声色场所作掩护，召开秘密会议，这其中就有"鱼品"。

这些人当中就有后来明治时期著名的外务大臣井上馨，井上与中西一见钟情，两人很快就难舍难分。巧的是，当时负责追捕维新派人士的幕府高官岛田左近也看上了中西君尾，并向其求婚。岛田左近有权有势，很多人都求之不得，但中西一口回绝。井上馨听说后，立即要求中西君尾从大局出发，接受他的求婚，好借机刺探幕府的情报。最终，中西君尾含泪答应了井上馨的请求，嫁给了岛田左近，并借此机会套出了大量的情报，使得很多维新派人士得以逃脱幕府的追杀。

明治维新三杰之一的木户孝允的妻子松子也是一名艺妓。1864年，幕府势力大肆搜捕维新派人士，木户孝允扮成乞丐隐藏在一座桥下。每天，松子都要冒着生命危险来到桥上，然后将包有饭团的包裹装作无意中失落于桥下，送到木户孝允手中，之后松子还多次利用艺妓馆掩护木户，使他逃过幕府的追杀。

20世纪最出名的日本艺妓莫过于中村喜春。中村喜春1913年出生在东京，父亲是当地很有名望的医生，家境很富裕。孩童时，中村喜春就对歌剧院台上那些穿着传统和服、浓妆艳抹的艺妓特别着迷，她常梦想自己有朝一日也能站在那个舞台上。15岁那年，她不顾父母反对，投身艺妓行业。凭借着自己的天赋和刻苦的训练，几年后，中村喜春声名鹊起。不但红透日本，就连著名影星卓别林也曾慕名前来观看。1956年,中村移居美国,受聘于普林斯顿大学,传教日本文化。

近代以来,艺妓不仅凭借在明治维新期间帮助和保护维新志士而在史册上留下了浓墨重彩的一页,也由于其举手投足间的温婉雅致、赏心悦目成为日本传统文化的一种活的载体,成为日本文化的代表之一。

真正的日本"花魁"有多美？

常照寺，位于日本京都市北区，每年4月的第三个星期日，这座寺庙都会按时举行一场花的供养，又被称为"吉野太夫供养"，还会主持一场盛大的古色古香的"太夫道中"，不仅吸引众多日本民众和游客参与，每年从京都的岛原还会有好多香客来此参拜、添花。

如果你以为这位"吉野太夫"是位多么大的人物，那可真是错了，她其实不过是位出身青楼的"花魁"。

一

日语中有个词"遊廓（ゆうかく）"，又被称为"廓""倾城街""花街""色里"等，这就是日本的"花柳街""红灯区"，而在花柳街从业的妓女则被称"遊女"，"遊女屋"就是青楼。

日本早期将"遊女屋"中的高级"遊女"称之为"太夫"，所以"吉野太夫"就是叫吉野的太夫。吉野本名为松田德子（1606—1643），出生于日本京都方广寺附近的武士之家，幼年丧父，被青楼收养，取艺名为"浮舟"。后因其和歌中对自己身世如笼中之鸟的境遇的哀叹，而向往吉野[①]自由的天空、灿烂的花朵，遂被称为吉野。

在花柳街的"遊女"最早是没有区分的，早期的"遊女"只分为"太夫""端女郎"。之后随着从业人员的增加，根据其美貌、收入、教养等逐渐

---

① 吉野市位于日本奈良县，大部分地区被纪伊山脉环绕，成为广阔的国家公园，其中心为象征着日本春天的吉野山。吉野曾作为日本南北朝时期南朝的中心，在日本古典文学中占据重要地位。

形成了"太夫""格子""局""端女郎""切见世女郎"等区分。位次的不同，收入与圈子也完全不同。

当时由太夫主导的青楼是高级文人、茶人、公家大名聚集的高级社交场所，依靠自身的魅力把什么样的人或是愿意把什么样的人招至自己的沙龙，都是太夫的自由，而来的客人无论其地位的高低，只要太夫摇头，他便不可能再出现在太夫的沙龙。

不用说，各青楼为培养"太夫"也倾尽心血，不仅要挑选容貌倾国倾城者，还必须使其具备一流的文化、技艺、风雅、趣味等。

吉野14岁就成为太夫，她不仅擅长和歌、连歌、俳谐等，还精通书道、茶道、香道、花道、围棋、琴、琵琶、笙等。她非凡的技艺和倾国倾城的美貌，使得她在当时青楼18位太夫中成为一枝独秀，独占鳌头。她出众的才华和容貌，不仅在日本国内声名鹊起，甚至在当时的中国，都传出了"东有林罗山，西有吉野德子"的说法。

林罗山是德川时期（1603—1868）幕府的儒官林家的始祖，历任德川家四代将军的侍讲，起草了德川幕府早期的大量外交文书和法度文件，也正是由于他的努力，才使朱子学被尊为德川幕府的"官学"。林罗山晚年兴建家塾，即汤岛圣堂（东京孔庙），成为德川时代研究学问，进行教育的基地。明治维新后，日本文部省、国立博物馆、东京师范学校、东京女子师范学校均曾设立于此。汤岛圣堂被尊为日本近代教育的发祥地。

吉野太夫能和林罗山相提并论，其在日本国内的名声由此可见一斑。

据1679年刊行的日本"遊廓"百科全书——《色道大镜》卷十七《扶桑烈女传·吉野传》记载，大明国吴兴的士绅李湘山曾倾慕京都岛原名妓吉野太夫，赋诗托朋友渡海持送佳人。诗曰：

日本曾闻芳野名，梦中仿佛觉犹惊。
情容未见恨无极，空向海东数雁行。

据说后来还真得到了吉野的肖像挂轴七幅。

据说吉野太夫的才貌曾吸引当时的皇族、财政界、文化界等一大批人都为其倾倒，其中就有后阳成天皇的皇子——近卫信尹的养子、当时的关白（日本的职官名称，是天皇成年后，辅助其总理万机的重要职位，相当于中国的丞相）近卫信寻。近卫曾豪掷千金，想替她赎身，但被当时的豪商灰屋绍益捷足先登。

灰屋赢得吉野太夫后，正式迎娶她为正妻，引起舆论一片哗然。

据说婚后的吉野太夫与妓女时代过的华丽生活不同，她相夫教子，过起了俭素的家庭生活。可惜的是，十余年之后，年仅38岁的她就病逝了。吉野在她23岁时，就皈依了当时的常照寺开山寂照院日乾上人，所以去世后，常照寺为纪念她，遂设"吉野太夫花供养"。其夫灰屋绍益为追思她也在京都东山的高台寺建茶室"遗芳庵"。

二

在古代日本，据说最早的接客女性是以神社的"巫女"接待政府官员开始的，也有人说是随着远道而来参拜寺院或神社的观光客的增加，逐渐形成了专供他们居住的宿泊设施，一些接客的女性也慢慢出现。

到平安时代（794—1192），在大阪湾、淀川流域等地开始逐渐形成了"遊女"集中居住的地方。这一时期的"遊女"都是自由职业，并无固定的场所，很多都要靠自己拉客。到室町幕府（1333—1573）时期，幕府开始对京城的"倾城屋"收取税金。1528年，幕府还设置"倾城局"，按照统一的规定对"遊女"进行管理。

受到权力的统制与保护，花柳街开始被要求集中在一处。1584年（丰臣秀吉当权），京都的原三郎左卫门与林又一郎获得丰臣的批准，在现在的大阪道顿崛川北岸设置统一的花柳街。5年之后又在京都的二条柳町设花柳街。这成为日后大阪与京都花柳街兴起的源头。

1603年关之原大战后，德川家康在江户（现在的东京）设将军府，开启了江户时代（1603—1868）。1612年静冈的二丁町花柳街移至江户日本桥人形町附近，这就是后世非常有名的吉原花柳街的雏形。在明历大火中（1657年3月2—4日持续两天的大火，烧毁了大半个江户城）吉原花柳街被烧，之后迁至浅草附近，和原吉原相对，将此地称为新吉原。自此，日本形成了大阪新町、京都岛原、江户吉原三大花柳街鼎立的局面。而夕雾太夫、吉野太夫、高尾太夫分别作为三地的名妓而广为人知。

据说在江户时期，日本全国有政府许可的花柳街有20多处，但吉原花柳街拥有300多家"遊女屋"，当之无愧成为日本最大。

一般认为日本的花柳街早在1589年前后就已经出现。而花魁的出现则更晚，直到18世纪，这一词汇才开始逐渐在社会上出现。据说其起源也是花柳街的"遊女"称呼比自己地位高的姐姐时用到了一个同音的词，最后慢慢固定下来，成为"花魁"。

"花魁"是吉原花柳街"遊女"中职阶最高者。

花魁最早是指高级"遊女"即"太夫"的，后来逐渐把全国性的"太夫"称为"花魁"，成为举国之最。其位置有多高，从日本人之"需要花费倾城之金"这句话中可见一斑。

三

在吉原花柳街，"遊女"被分为"太夫""格子""散茶""座敷持""呼出"等。位置最低的是"切见世女郎"，又被称为"铁炮女郎"，由于价格非常低廉，客源比较丰富，因此很容易感染性病，年纪轻轻就丧命的并不在少数。而与那样的"遊女"发生关系的话，自己也很危险，就像被铁炮打中一样，因此被戏称为"铁炮女郎"。

所以，看似繁华的花柳街，内部却等级森严，所处阶层不同，人生也会大不同。

日本的花柳街原本是一部分富人纨绔的游玩之处，随着"散茶女郎"的出现，开始逐渐庶民化。"散茶"原指不需要耗费功夫，可以立即喝的茶。散茶女郎刚开始并非像花魁那样是高不可攀的存在，但随着时代的变迁，"散茶女郎"的位阶逐渐升高，其中有一部分也可以升格为"花魁"。

花魁还继续被分为"呼出""昼三""付回"等，而要成为花魁中的"最高级"，不仅需要倾国倾城的容貌、坚持不懈的努力，一定的运气也是必不可少的。

而如果能成为最高级的"呼出"的话，一般的客人是没法看到其真容的，必须通过介绍才有可能见到。花魁的身边一般都有很多见习的"遊女"，而每当有花魁出行，就会出现前呼后拥、花团锦簇的盛大场面，被日本人称为"花魁道中"。

与这样的"遊女"交往，必须要遵守一定的规则，这也被认为是和花魁交往的必需的礼节。

由于花柳街中"遊女"的身份等级严格，来花柳街的顾客也必须根据自己的身份和财力选择合适的"遊女"，如果出现违反规则者，会招致政府的严格管制。所以如果真有顾客不懂规矩，就会成为吉原"遊廓"集体抵制的对象。所以要和花魁级的"遊女"交往，不仅礼仪要求严格，还得耗费巨额钱财，至少得去三次以上，才能获得作为"上客"的认可。

而真正有如此财力的仅限于各地的"大名"。只有获得财力及人品两方面的认可，才可以真正接近花魁。而一旦获得认可，就可以正式与花魁交往，随着交往的深入，双方的信赖关系也会随之加深，最后可能会获得"拟夫妇"的待遇。要维持这样令人艳羡的关系，前提就是有挥金如土、一掷千金的财力。而即使有这样的财力，如果花魁对其不中意的话，客人也是难以接近的。所以吉原的花柳街一直致力于提高花魁非同寻常的品位，而作为来吉原寻欢的客人，也必须遵守吉原的基本礼仪。

明治维新之后，1872年在维新政府轰轰烈烈的"文明开化运动"中，"艺娼妓解放令"颁布实施，"遊女屋"改名为"贷座敷"，仍然继续原有的经营。直到1900年，在声势浩大的废娼运动中，内务省颁布"娼妓取缔规则"，并指示警视厅、各府县警察着手制定了详细的取缔规则。但是到1931年，据统计，当时日本全国仍然有511处花柳街，从业的娼妓有52064人。到战后1958年4月，日本颁布实施了"卖春防止法"，日本绵延千年的花柳街才正式退出人们的生活，成为历史。

电影《望乡》与近代日本的"南洋姐"

一

山打根，马来西亚沙巴州第二大城市。20世纪初，日本人相继在此地开设了九家娼馆，按顺序依次命名为山打根一号、二号……九号。

阿崎，一个出生在贫苦人家的普通日本女孩，母亲在父亲去世后，迫于生计，给大伯做了添房。阿崎为了摆脱贫困的生活，赚钱给哥哥娶妻生子，被迫走上了去南洋谋生的道路，她被卖到了山打根八号，这里的女孩子有个共同的称呼——"南洋姐"。

14岁，花一样的年龄，阿崎却被迫开始接客。被一个红毛、文身的西洋男人蹂躏后，阿崎站在院子里任由暴雨冲刷被玷污的身体，眼泪淹没在雨水里。尽管她也曾誓死不从，但在老板的威逼利诱下，最终也只能默默忍受。

走出第一步之后，老板开始了对阿崎的洗脑：回去也是找一个穷人结婚过日子。想到一贫如洗的家庭，想起离别前对哥哥许下的挣钱帮他娶妻的承诺，为了能早一天离开这个鬼地方，幼小的阿崎不得不努力接客赚钱。同事拉客只拉日本人，而阿崎连当地的人都拉。

在南洋的那段日子里，阿崎也爱过一个男人，但他连"那一夜"的钱都拿不出。都说有情人终成眷属，现实是只有有钱的人才能成眷属。

爱情终成泡影，阿崎的"事业"也面临不顺。随着日本军队进出南洋，军方要求每个女人必须接待30个男人。这种非人考验，阿崎咬着牙挺了过来。

但是，一战后，随着日本经济的复苏，日本政府已不再依靠贩卖"南洋姐"赚取外汇。"南洋姐"反被日本政府视为"文明国家的耻辱"，妓院生意开始急剧衰落。

阿崎所在的八号妓院几经转手,被同是妓女出身的老板娘阿菊妈接手。善良的阿菊妈用一生的积蓄在当地为所有日本的"南洋姐"修建了一座墓地,并在临终前嘱咐大家在这里度过余生,不要再回到日本。

但思乡心切的阿崎却没有听从阿菊妈的劝告,回到了家乡。她没有等到亲情,在外多年靠着出卖身体,挣钱帮助哥哥成家的她,却成了家庭的耻辱。

在洗浴时听见哥嫂算计着自己,阿崎发疯似的把头浸泡在浴缸里,大声哭泣。家人和邻居的歧视令阿崎悲痛欲绝。此时的阿崎才明白阿菊妈不让她们再回国的良苦用心,卖身已经成为她们洗不掉的胎记,而故乡也成了再也回不去的异乡。

无奈之下只得离开日本来到了中国东北,并嫁给了一个皮匠。但是这样的家庭也还是被战争无情地摧毁了。丈夫死后,阿崎回到了家乡,丈夫去世了,留下一个儿子。然而,儿子长大后,为了摆脱做过"南洋姐"的母亲带来的耻辱,将阿崎送回了老家,自己在城里娶了妻子,拒绝和她生活在一起。

二

山谷圭子研究亚洲妇女史,为了还原五十年前日本妇女被卖到南洋当娼妓的历史真相,她几乎跑遍了天草的各个角落,可惜没有人愿意对她敞开心扉,几乎所有人都缄口不提。就在圭子失望地决定离开的时候,却意外认识了当地一个穷苦的老太婆——阿崎婆。

因为曾是"南洋姐"而遭到各种歧视,即便是阿崎婆远在东京的儿子也从来不来看她,连儿媳长什么样子她都不知道。孤独的阿崎婆对圭子逐渐信任后,圭子试探地向阿崎婆提出关于"南洋姐"的话题。阿崎婆一层层地拨开了那段痛苦的回忆。

《望乡》改编自山崎朋子的纪实文学《山打根八号娼馆》,该著作反映了数以万计的日本妇女在明治时期(1868—1912)和大正时期(1912—1926)被送到东南亚一带,沦为日本帝国主义的牺牲品。

山崎朋子记述了明治政府奉行的政策,即用日本娼妓以"人力资本"的形式为日本赚取钱财,同时促进日本商业利益在亚洲的进一步扩大。所以,这些娼妓实际上不知不觉地为日本后来在这一地区的军事渗透奠定了基础。

那些年轻的妓女每天每个人被迫毫无选择地接待 30 个或更多的嫖客。就是这样，她们也要花好几年时间才能还清欠主人的"债务"。她们回到日本后，却被视为贱民，即使她们曾经给予大力资助的家庭也歧视她们。其中许多人被家人遗弃，孤独地死去。

1963 年前后，导演熊井启有一次去东南亚出差，发现当地日本人墓地里面有很多很小的墓，死亡年龄都是十四五岁，而且都是女人的名字。他一问才知道，那些都是当年日本赴南洋的妓女的墓，俗称"南洋姐"。熊井想进一步发掘这个问题，想拍电影，但是当时的日本社会对这个问题非常抵触。

几年之后，他看到了山崎朋子在日本《文艺春秋》上发表的报告文学《山打根的墓》。熊井启找到山崎朋子，经过多次游说，山崎朋子终于同意把版权卖给熊井启。熊井启找到东宝公司，三番五次地争取，答应了很多条件，最后东宝才同意出经费，电影顺利开拍。

三

在人类的发展史上，奴隶曾是"理所当然"的存在。无论是在哪个国家，奴隶都是生产力低下时期 GDP 的最主要贡献者，也是没有姓名、性命甚至不如一头牛重要的可怜人。

而在日本并不长的历史中，一半以上的时间都存在着奴隶。渡边大门的著作《贩卖人口·奴隶·绑架的日本史》一书就详尽记录了日本战国时代，大名们鼓励手下的武士在战场上抢夺物资和人口作为战利品的"乱取"行为。而这些被武士抓走的人被称为"足弱"，大多为女性、老人和小孩。据说，武田信玄的父亲信虎，就曾创下过从他国掠夺了百人"足弱"的辉煌纪录。

不止武田家，几乎所有大名都这么干。比如，因为游戏而人气很高的伊达政宗，就曾有过凭借合战抓捕大量人口的行为；而脑壳被做成酒杯的上杉谦信，还曾干过在攻下的城中直接开人口市场，将妇女小孩以极低的价格贩卖的事儿。

长得不好看的，去当奴隶、做苦工；长得好看的，在风俗业倒是能卖个更好的价钱。18 世纪末，仅吉原"遊廊"一处，"遊女（妓女）"就有三四千人。

"南洋姐"的足迹，不光遍布东南亚。北到西伯利亚及中国东北部地区，南到新加坡以及马来半岛，西到非洲东海岸乃至好望角，东到夏威夷乃至美国的加利福尼亚沿岸地区，都有她们的足迹。

正好在这个时期，日本为了积累原始资本发展经济，支持人口贩子将妓女贩卖到海外，获得了大量的外汇收入。大批的日本青年女性到海外以出卖身体为生，形成世界历史上罕见的卖春人口大流动。

所以就会出现这样的说法：这批跨国卖淫的"南洋姐"给日本带来了很多利益，甚至是日本政府赚取外汇的一个手段。也有很多的"南洋姐"把钱寄回日本，无形中用于发展国家经济。"卖女人"为了发展国家经济的说法听起来骇人听闻，究竟真相如何也是难以考究了。

四

南洋群岛对于"南洋姐"的需求非常大：1883 年，正是华工和印度劳工崛起的时候，这些单身劳工的聚集，使得娼妓有了广泛的市场。这些工人的生活是枯燥的，"南洋姐"成了安抚他们的最好工具。

欧洲的殖民者由此也很欢迎"南洋姐"，因为她们简直就是劳工生理宣泄的工具，由此也不难理解这些日本妇女的足迹正好和劳工兴起的地区完全重叠。

据记载，在 1905 年的时候，新加坡有 100 多个日本妓院、1000 多名"南洋姐"，她们大多生活在以前的"马来街"，现在的武吉士。这条街上，全都是为充满异国风情的日本女子而趋之若鹜的客人，这些人有商贾也有劳工，使得妓院非常繁荣。

客死异乡成为许多妓女的归宿，1888 年妓院老板二木多贺治郎建了日本墓地，埋葬那些流落在新加坡的"南洋姐"。

虽然仅在明治年间输出的女性就可能达数十万之多。但是一战后，日本政府开始执行限制、取缔政策，"南洋姐"因此盛况不再，这段屈辱的遭遇，在日本历史中更是销声匿迹。

日本本是岛国，自古以来就资源匮乏，地震、海啸、火山爆发等自然灾害不断，给日本人的生存及日本的长久发展带来很大问题，于是日本走上了侵略道路，给各国人民带来了巨大伤害，还有不少日本女人在这场战争中被强行征用做了慰安妇，成了她们沉痛的回忆。

日本在 1945 年 8 月 15 日宣布接受波茨坦公告，无条件投降。波茨坦公告规定:"日本领土须经盟国之军队予以占领。"而日本也知道自身在二战中犯下的滔天罪行,害怕美军到来后会用日本在二战中的手段报复日本。因此,日本政府招募了大量妇女,作为慰安妇服务美军、安抚美国士兵。

日本在投降的第三天就开始大张旗鼓地大量修建娱乐场所,这些场所是合法的,得到日本政府的许可的。美军入驻日本当天就发生了无数强奸事件,在一定程度上,日本招募慰安妇服务美国士兵是为日本的利益考虑。

日本政府在短短数月时间就招募了 7 万慰安妇,她们均来自底层穷苦人民。她们安抚了美国士兵,避免美国士兵在日本国内造成强奸事件,一定程度上也保证了日本天皇的纯正血统,但这也给日本历史留下了耻辱的一面。美军撤离日本之后,日本政府再也不管这些慰安妇的生死,她们成了黑社会掌控的目标,沦为街头娼妓。

五

电影《望乡》于 20 世纪 70 年代被搬上荧幕。影片上映后在当时的日本引起了强烈反响,分别获第 25 届柏林国际电影节金熊奖提名和第 48 届奥斯卡金像奖最佳外语片提名。

1978 年,日本电影《望乡》在中国上映。当时在全国各个城市形成了一股观影狂潮。排队买票看电影,成了老百姓文化生活里的盛举。作为一部有着裸体镜头的大尺度剧情片,《望乡》在内地过关并不容易,甚至有人指责其为一部黄色电影,要求禁映。

1978 年 10 月 28 日的《人民日报》却发表了题为《日本电影周在京开幕》的大幅报道,并配发了一篇综述文章《精湛的艺术 深厚的情谊》,其中对《望乡》点评:

《望乡》这部影片更有深度,它描写的是从明治末期到三十年代初期被诱骗卖到南洋山打根当妓女的日本贫苦农女阿崎的苦难一生。观众看过影片后,不得不去思考:这些被压迫在最底层的日本妓女的悲惨命运是怎样造成的?如阿崎婆所说的那样,是什么"男人压迫女人"吗?

不!绝对不是!阿崎和她的难姊难妹们——那些被称为"南洋姐"的妓女的悲剧不止于她们被损害被侮辱,还在于她们并不知道,她们是在用肉体维护着当时的军国主义，用肉体为军国主义的侵略扩张政策服务。

到头来，却有家不能归，有国不能奔，只能客死异乡。而那些幸免于死，回到故乡的人，则被认为是民族的耻辱，遭到人们的歧视，甚至连自己的亲人也拒绝与之往来，成为被遗弃的人间孤魂！

尽管如此，《望乡》在中国上映后，还是遭到了不少指责、非议，有人甚至呼吁停止上映，担忧给青年一代带来不良影响。

在《望乡》招致非议时，一位老人挺身而出。他，就是巴金。

1978年11月25日，巴金迎来了75岁生日。一个星期后的12月2日，他写下短文《谈〈望乡〉》，交由香港《大公报》副刊发表，这是他为新开专栏"随想录"所写的第一篇文章。乍一亮相，他便呈现出"干预生活"的姿态，就正引起议论的《望乡》发表看法：

今天的青年，拿《天安门诗抄》的作者和读者为例吧，他们比我们那一代高明得多！他们觉悟高，勇气大，办法多，决心大，没有这样的新的一代的革命青年，谁来实现"四个现代化"？要说他们只能看删剪后的《望乡》，否则听到"卖淫""五块钱"这类字眼，就会——，这真是以己之心度人之腹，这是极其可悲的民族虚无主义！

为《望乡》辩护，也是巴金重新反思历史的开始。巴金为《望乡》连续写了两篇文章——《谈〈望乡〉》和《再谈〈望乡〉》。在第二篇文章中，巴金提到扮演阿崎婆的田中绢代女士已经逝世，但"阿崎婆的形象非常鲜明地印在我的脑子里"。

时至今日，这部电影仍因对日本军国主义罪行的反思与批判极其深刻地铭刻在亿万观众的脑海中。

在日本扔掉一件垃圾有多难？

2019年7月1日起，上海正式实施垃圾的"强制分类"，个人混合投放垃圾，最高将面临200元的处罚，单位混装垃圾则最高可能被处5万元罚款。而这一被称为中国史上最严格的垃圾分类规定，与日本的处罚规定相比，其实根本算不了什么。

日本自20世纪90年代起，制定并实施了一系列相关法律，对垃圾分类处理进行规范，如《废弃物处理法》《关于包装容器分类回收与促进再商品化的法律》《家电回收法》《食品回收法》等与垃圾减量相关的法律。其中，《废弃物处理法》第二十五条十四款规定：个人如乱丢垃圾等废弃物者将被处以5年以下有期徒刑，并处罚金1000万日元（约人民币63万元）；如果是企业或团体，则重罚3亿日元（约人民币1895万元）。

一

二战后，随着日本经济进入高速成长期，人民的生活水平大幅提升，垃圾的制造量也与日俱增。到20世纪70年代，日本也遭遇了"垃圾围城"，为了解决垃圾造成的环境、资源等问题，日本试行并实施了一系列的对策。

1973年2月28日，作为垃圾处理的对策，东京都议会美浓部知事宣布应该尽快在东京都23区实行垃圾分类。4月起，东京就试行了对可回收和不可回收垃圾的简单分类，之后又对塑料等进行了分类处理。到第二年，再将瓶、罐等从不可燃烧的垃圾中区分出来。

而当时的日本家庭主妇们，一方面对垃圾实行分类处理表示了支持；另一方面，由于垃圾分类不仅增加了主妇们的负担，且当时两周回收一次垃圾，导致家庭垃圾保管时间太长，大家怨声载道。政府不得不在1974年4月起将两周一次的回收改为一周一次。

而为了推动市民积极主动进行垃圾的分类投放，日本政府还在东京的所有电视台投放了垃圾分类的广告，强化所有市民的垃圾分类意识。到1985年，日本干电池的使用量大增，而废弃干电池造成的环境污染更是触目惊心，政府不得不开始将干电池也单独分类进行回收处理。

1989年3月5日，日本政府首次针对"垃圾处理"进行的国民意识调查结果公布。调查结果显示，98%的日本人都能遵守垃圾分类处理的规定，但是近半数人反对在自己家附近建设公共垃圾处理场。可见，此时日本人对于垃圾分类处理虽然表示支持，但却明显偏向利己主义。

1990年4月，为保护森林、促进城市废纸的回收再利用，日本政府率先垂范，决定将过去对废纸进行分类收集制成的再生纸作为政府的打印、复印用纸张。在此之前，日本政府虽进行过年用纸量的统计，但是仅通产省纸业印刷科负责的中央省厅的打印、复印纸张用量每年就有3万多吨。而利用再生纸的话，每年的垃圾将会减少至一半左右。

1995年，日本家庭的废弃垃圾达到3500万吨，不仅无地可以填埋处理，而且环境问题日趋严峻。减少垃圾的排放、实现资源的可循环利用刻不容缓。当时家庭垃圾近60%为食品及日用品的容器或包装。为此，日本制定了《容器包装リサイクル法》等，实行对容器包装的回收制度，致力于减少各种包装垃圾，推进可循环、可回收型的容器包装，该法于2000年起完全施行。2006年，随着市民回收意识的提升，日本还进一步修订了该法，在容器的轻量化、材料选择的易回收等方面进行了各种努力，致力于家庭垃圾的减少和回收。

二

日本家庭垃圾的分类、处理方法都是由各都道府县或各市町村等自治体制定的十分细致的垃圾分类法。但大体可以区分为：

可燃垃圾：餐厨垃圾……

不可燃垃圾：金属、玻璃、陶瓷、干电池……

资源垃圾：食品用的瓶、罐，塑料，废旧纸张……

粗大垃圾：大型家电、家具……

去日本某地生活的人，无论是国外的还是从日本其他地方迁移来的，都必须去该地的区役所登记。在登记的同时，会领到一本当地的垃圾处理手册，少则几十页，也有更厚的，上面会列有各种垃圾的分类和处理方法。办理好入住手续后，日本人一般都会对附近邻居进行简单的搬迁后的问候，邻居就会告知当地小区的一些注意事项。有时，所在小区的管理员也会亲自上门告知一些相关的事项，如附近的避难所、儿童游乐设施等，但最重要的要数该小区垃圾投放的具体规定。

一般来说，可燃垃圾和资源垃圾每周都有固定的时间来收集，只需要按照收集规定在指定时间的当天上午8点前投放到指定垃圾投放地点即可。而废旧纸张、玻璃、小型金属、干电池等在日常生活中用量并不大，所以每个小区都有固定的集中投放地点，按时投放即可。

这看似简单，但对于外国人来说却并不容易。例如，一个塑料饮料瓶的处理，首先盖子要单独按照指定回收方法收集，其次其标签属于塑料可回收物，得撕下来装入可回收资源垃圾桶，然后须把瓶子洗净晾干装入瓶、罐等资源回收垃圾桶。

而要处理一个利乐包装的纸质牛奶盒，则首先得把盒子洗净、晾干，然后拿剪刀按照要求剪开、摊平，一起装入废旧纸回收处，或投放到购买的超市的指定回收处。

一个简单的纸烟盒也需要把塑料、铝箔、纸盒全部拆分开才能扔掉。在日本，对家电等垃圾的处理要求非常严格，要么由生产商回收，要么投放到各地指定垃圾投放处。不但扔比较麻烦，还得付一大笔处理的费用。大型的家具也一样。所以，很多人在购买时就得考虑日后的处理问题。在京都，买一个大一点的洗衣盆可能要花费10~20元，但处理一个这样的洗衣盆则须花费30元左右。

所有不同分类的垃圾，均须按照要求装入指定的垃圾袋。若分类不恰当或未按照要求装入指定垃圾袋，抑或是未按照指定时间投放到指定地点等，轻则被贴签警告，要求拿回去重新分类、重新投放，重则面临罚款或其他处罚。随意乱丢垃圾在日本属于违法行为。

在日本街头可以经常见到各种邮政车辆进出小区，仔细看的话，就会发现，车身上都刷着"监视不法投放垃圾"的字样。

1995年，东京地铁爆发了沙林毒气事件，为防止恐怖袭击，日本政府拆掉了街头设置的大量垃圾箱。自此以后，日本人开始慢慢习惯没有垃圾箱的街头，而且考虑到安装的成本，重新安装垃圾箱的事就一直拖到了现在。所以在没有垃圾箱的街头，垃圾一般都得被带回家。如果实在不想带回家的话，在便利店或者商场、超市等地方一般可以找到垃圾箱。有些自动贩卖机旁也会设有垃圾箱，但一般都规定只准扔贩卖机里的饮料瓶、罐等。

三

在日本，垃圾分类观念已经深入人心，是否能够按照规定对垃圾进行分类、投放以及正确使用垃圾袋等已成为评判公民道德和社会责任的重要标准。

日本人从小就在家里学习各种垃圾的分类处理，到幼儿园、小学后，老师也会反复给孩子灌输垃圾分类回收的方法和理念。不仅如此，在幼儿园、小学的课堂上或者课外活动时，老师还会要求孩子们从家里带一些纸盒等资源垃圾，手把手地教孩子们如何用这些垃圾制作一些精致的玩具。

有些幼儿园和小学，还专门设置了资源垃圾回收日，让孩子从家里带一些资源垃圾，统一安排回收，从而学习垃圾是如何被作为资源回收利用的。日本不仅在垃圾的回收利用上下功夫，还致力于向孩子们传达环保的理念。在幼儿园，孩子就被教育每天吃的东西不能剩下，要尽量吃完。到了小学高年级，学校就会让孩子了解环境问题对生活的影响。比如，一节废旧电池可以让一平方米的土地失去利用价值，一个纽扣电池则可以污染60万升水等。让孩子从小学会不乱丢垃圾，保护环境，与自然和谐相处。不仅如此，学校还会组织学生参观居住地的垃圾处理厂，了解"每天有多少垃圾被送到处理厂，每日处理能力是多少，如果使用可回收材料的话，能节约多少垃圾处理成本……"

日本国土狭小，资源匮乏，通过垃圾的回收利用，极大地节约了资源，减少了环境污染。当所有赴日游客都对日本干净的街道啧啧称赞时，无论如何都不能忽视这背后用40多年摸索出来的近乎严苛的垃圾分类回收体系。

这么多年以来，虽然也有一些批判的声音，如"日本的垃圾分类有些细致过头了""大街上没有垃圾箱实在太不方便了""垃圾在分类、运输过程中产生高昂的成本"，等等。但不可否认的是，垃圾分类不仅提高了资源利用率，减少了污染，还美化了环境，应该成为现代文明城市所追求的时尚之一。

较高物价下，日本人是如何"拼命"活着的？

据日本观光厅统计，2018年中国内地赴日本旅游人数达838万人，总消费规模达1.545万亿日元（约人民币987亿元），而这组数据仍在以每年近200万人和100亿左右消费规模的水平持续增长。这组数据表明两点，一是中国人的腰包渐鼓，能支撑起出国的需求；二是日本的消费水平对中国游客来说，不再无法企及。从这个意义上讲，日本物价高，或许已经成了过去式。

十几年前，按照中国的消费水平，日本的物价确实很高。但是以现在的水平再看待日本物价，或许也不是想象中那么高。

一

以东京为例，作为日本全国消费最高的地方，如果这个地方的消费能够接受的话，那么全日本的消费其实都可以接受。

东京一个人（20~30岁的年轻人）的每月支出大约是16万日元（约人民币8400元）左右。当然这只是一个平均的数值，有钱的多花一点，没钱的少花一点。

从消费明细上来看，主要分为下面几项：

租房：75000日元（约人民币4500元）。

饮食：27000日元（约人民币1600元）。

水电：8000日元（约人民币500元）。

通信：10000日元（约人民币600元）。

社交：19000日元（约人民币1100元）。

娱乐：13000日元（约人民币750元）。

消耗品等：6000日元（约人民币360元）。

当然，由于每个人的生活方式不同，最终的花费也不一样。租房可以找一个较为便宜的，大约5万日元就足够了；尽量减少社交，基本上11万日元（人民币7000元）就足够了。

日本的日常饮食消费，比如，市面上常见的那几家连锁餐饮店——"吉野家""松屋""王将饺子"等，普通的一餐为380~580日元（大约人民币24~37元）。大部分超市也卖低价便当，大概298~498日元（人民币20~30元），在晚上或临期时就会打折，最高可以打五折。一些年老或收入有限的日本人，会选择在有折扣时多买几个便当。自日本经济泡沫破裂之后，物价基本没有什么改变，近年来部分出现微涨，但涨幅也就是几块人民币左右。

日本的蔬菜相对来说种类较少，价格较贵，一根白萝卜（也有切成几段的，每段98日元左右）一般为298日元左右，菠菜、小松菜等198日元左右。白菜按个头大小切成1/4或1/2来卖，价格基本在198日元左右。也有整颗卖的，价格就更高一点。

日本的水果相对较贵，基本上都是按照个头来卖，大一点的卖138~158日元（8~10元人民币），普通的一般也要卖98~128日元，也有4个一起卖458日元左右的。西瓜在日本绝对是奢侈品，基本都是切成1/8、1/6来卖，价格在398~498日元。偶尔能碰到论个卖的，一个也得卖到1380~1980日元（人民币90~130元），当然，还有更贵的。

日本的牛奶不似国内的牛奶，同样的利乐纸盒包装奶（当然灭菌技术存在差异），全程冷藏，保质期仅仅一周左右，价格为198~398日元。鸡蛋的保质期（准确地说应该叫保鲜期，期限内可生食用）和牛奶是一样的。从母鸡下这只鸡蛋开始算，保质期也就两周左右。鸡蛋有4枚装、6枚装、10枚装的，价格一般在198~338日元。

二

从世界各个主要发达国家的物价来看，日本的物价水平究竟处于什么位置呢？

著名的美世（Mercer）公司发布了2018年全球城市生活成本指数排行榜单。榜单中，中国香港高居全球生活成本第一，日本东京紧随其后，排名第二，排名第三的是苏黎世。而榜单中北京、上海超越了纽约（13）、伦敦

（19）等发达国家大城市，也进入了前10位，此外，中国不少城市（深圳12位、广州15位、南京25位、天津29位等）都"喜提"全球排名前30。

作为全球最大的人力资源管理咨询公司，美世的排名具有非常高的权威性。该公司根据全球375个城市的各项生活数据对比，对房价、交通费用、食物、服饰、娱乐活动等200多个生活指标进行分析，得出了最新排行。中国各大城市飙升的生活成本，很大程度上都和当地的"天价房"有密切关系。

各城市具体的购买力如何呢？

根据美世进行的2018年生活成本大调查，一条牛仔裤在新加坡和纽约只需要100美元出头，在东京是120美元左右，而在上海一条则要140美元。

一杯咖啡在纽约只要2.5美元，在东京和伦敦也不过4美元，而上海却要6美元，在香港超过7美元。通过这两组数据对比，我们不难发现，在中国大城市过"小资"生活的成本其实并不比日本低。

瑞士银行曾针对全球77个国家的城市，对128项商品和服务的月消费加权进行了调查，发布的权威物价水平和收入水平排行显示：全世界买iPhoneX最"快"的城市是苏黎世，只需要工作38.2小时，在奥克兰需要工作69.2小时，在东京是95小时左右，而在北京、上海分别要工作314.3小时和306.1小时；食物消费的价格参照指数显示，中国香港工作11.8分钟就能买一个巨无霸，而日本东京需要12.2分钟，但北京和上海则分别需要51分钟、53.4分钟……

在2018年5月29日发布的第17版《价格与收入》研究报告中，瑞士银行公布了主要城市税后净薪资排名，苏黎世依然是世界第一，东京则是第14位，中国上海和北京分别是倒数第20位和倒数第19位。而按照购买力（按净时薪）算的话，东京排第23位，上海排倒数第18位，北京为倒数第12位。由此可见，虽然日本的物价水平可能较高，但是无论是购买力还是净薪资都领先于同时期的中国。

三

那日本的实际生活状况如何呢？

日本刚出校的大学毕业生工资大概是18万~23万日元，硕士研究生是21万~25万日元，博士是31万~41万日元。普通的公司职员基本薪酬从本科毕业开始算起，基本和自己的年龄成正比。四五十岁的职员，月薪基本上也就四五十万日元。

日本的高薪行业基本集中在飞行员、医生、大学教授、律师、记者、金融机构工作人员、警察等，还有一些职业运动员的收入也非常高，但这些在全体国民中占比较小。

按照前述物价，普通的大学毕业生刚毕业参加工作，稍微节约点，每月可以略有结余。研究生稍微多点，博士则更多。随着学历和年龄的增加，每月的收入结余也应该越多，生活可能更滋润。

日本人对待工作认真、严谨、刻板。早上9：00上班，下午5：30正常下班，中午休息一小时。虽然一年含双休日在内有127天休息日，进公司满两年就有20天的带薪休假，但是其实真正休假的并不多。日本人在下班后、回家之前会喜欢去居酒屋喝个小酒，一杯生啤，一壶清酒，几碟小凉菜，一般也就是一两千日元，百元人民币左右。日本人的中午饭一般都是便当，也有少数买饭吃的。

这种日子貌似非常不错，但是日本的加班文化非常盛行，加上普遍奉行集体主义，职员为了不至于在公司内被异化，极少有按时下班的。而且因为日本女性中家庭主妇依旧占多数，男性几乎不插手任何家庭事务。

有一个真实的故事：一位在公司上班的父亲某天因为特殊原因下班后直接回家，结果让做家庭主妇的夫人和正在读小学的女儿一晚上手足无措。母女俩已经习惯了多年以来父亲晚归的生活，而提前归来，不仅要多准备一个人的晚餐，还要面临尴尬的三个人用餐的场面。

不仅如此，众所周知，日本的自杀率也一直居高不下，而日本人自杀的理由主要有：

学生

受到欺负；

网络暴力；

被他人孤立；

经济问题；

考试失败；

找不到工作。

成年人

健康问题（主要是精神上的）；

贫困、破产导致经济状况恶化；

家庭问题；

工作人际关系。

可以看出，日本人对于"来自社会上的压力"很关注，这正是集体主义的表现。在其他国家，经常会看到我行我素的人，但是在日本很少有这样的人存在。日本人从一出生就被圈在了各种条条框框之中，也就是所谓的社会惯例，生活在其中的所有人都必须遵守。为防止被同伴异化，日本人日常无论大小事都表现得十分谨慎。

日语中还有一个词语叫作"社畜"，就是指那些被公司圈养得如同"牲口"一样的白领群体。

四

尽管如此，还是有很多人觉得日本生活非常不错，因为不用为太多的事情操心。

首先，日本是全世界公认福利最好的国家之一。在日本看诊、住院（不需要家属看护，全部都由医院负责）、看护、药费、手术、检查等费用都在医保范围内，国家负担百分之八十，个人负担百分之二十左右，还可以申请医疗补助。有完备的保险制度，失业可以申请失业保险，政府还会不时地发放各种补助金。

其次，日本实行学区制，所有适龄儿童均就近入学。为实现教育资源的公平配置，在硬件方面，标准化的教室、游泳馆、室内体育馆是日本国内任何地方任意一所中小学校（包括幼儿园）的标配；教师资源方面，日本的教师雇佣机制也非常有特色。日本公立学校的教师并不是受雇于学校，而是受雇于当地政府。在他们的教师生涯中，工作地点基本每三年（或五年、七年）就会发生一次变动。政府这样做一方面为了保证将最合适的教师分配到最需要他们的地方；另一方面也使教师们可以从不同环境中学习，面对资质不同的学生，教师需要不断摸索出恰当的教学方法。当然，对于具体的教学要求、课程设置、培养目标和教学方式也都有全国统一、规范的要求。正是通过精心的设计，加上几方面的努力，使得全国所有公立学校的教学资源基本相同，不会让孩子输在起跑线上。

此外，日本实行9年制义务教育，公立学校上学基本不用花费多少，从2019年10月起，日本自幼儿园到大学全部实现"免费"，这对于有养育孩子意愿的家庭来说，具有相当大的诱惑。

最后，看看日本的住房。日本的公益性住房分为各都、道、府、县营住宅和各市营住宅，所有住房根据当地居民的收入水平统一划线，低于收入标准的均可以比市场价格便宜很多的价格申请入住公共住宅。

工薪家庭也可以考虑买商品房。日本市场上的商品房有很不错的高档公寓，在东京用5000万日元（人民币约300万）可以买到110平方米左右、相当于国内150平方米建筑面积的公寓。一般居民住宅都是独栋的建筑（类似于小别墅），价格根据地段和大小的不同，有贵的，也有便宜的。偏远一些的免费赠送的都有。

总体来说，日本属于发达国家，高收入、高消费是发达国家的典型生活方式。日本的物价高是事实，也是众所周知的，但这并不意味着日本人面临的生存压力就比我们大了许多。物价虽高，对应的收入也高，购买力也高。而高消费带来的则是高标准、高质量的服务回报。作为消费者和服务的享受者，满意度、幸福度也会更高，这种差距应该还是客观存在的。单纯从生活角度看的话，其实，无论在中国还是在日本，抑或是在其他国家，无论收入高低和消费能力高低，总是有些人在拼命活，有些人在努力活，当然也有人在苟且地活，所有的都取决于个体的选择。

日本严重啃老："8050 问题"已经过时，"9060 问题"才须警惕

2019 年 7 月 19 日，日本京都动漫工作室人为纵火造成 34 人死亡的惨剧，不仅震惊整个日本社会，也让全世界关心动漫的人都扼腕悲叹。而据日本媒体报道，罪犯名叫青叶真司，41 岁，无业，2012 年就曾因抢劫便利店被判刑，2016 年刑满释放。据其邻居反映，青叶真司经常制造噪音、骚扰邻里，遭到邻居的投诉。不仅如此，个人卫生状况也很差，身上到处散发臭味。另据日媒分析，其与京都动漫也无任何关联，是一起恶劣的报复社会事件。

一

翻看日媒的报道，类似的报复社会事件近年来可谓屡见不鲜、层出不穷。2019 年 5 月，就在川崎发生了一起无差别伤害事件，一名 50 多岁的男子持 2 把菜刀砍伤 17 人、砍死 2 人，其中大部分都是等待巴士的小学生。而罪犯则是一名长期不上班的啃老族。

而在 6 月 1 日，担心长年宅在家中啃老的有暴力倾向的儿子熊泽英一郎给周围人制造麻烦，曾经担任过日本农林水产省事务次官的熊泽英昭不得已亲手刺死了自己的儿子。据周围邻居反映，多年以来，他们甚至都不知道熊泽英昭还有个儿子。

与此类事件相对，另一类事件近年来也引起了日本全社会的关注。2016 年 8 月，丰中市内一户人家 50 岁的女儿在房屋的玄关处死亡，被发现时，其 80 多岁的父亲在被窝内已死亡多日，已经白骨化。据推测，其父亲可能早已死亡，而其女则因盛夏中暑而死亡。据邻居讲，这么多年以来一直都是病弱的父亲照顾女儿的起居生活。

2017年12月，北海道札幌市一位82岁的母亲在饥寒交迫中死亡，长年无业待在家里啃老的52岁女儿也同时死亡。2016年新潟县三条市70多岁的母亲将其50多岁的儿子杀害后，自杀身亡，其遗书上写道："和儿子一同去丈夫身边。"而那个儿子也是一位长年无业、待在家里的啃老族。

……

仔细分析发现，这类事件有一些共同的特点：当事人均无工作，长期宅在家中，与家庭亲友沟通较少，与社会更是几近绝缘。这种现象在日本很常见，这类人被称为"茧居族（不工作，也不外出，生活全部依靠父母）"，而随着年代的推移，"茧居族"的年龄也在逐年增加。

随着这些青壮年"茧居"的长期化，其父母逐渐高龄化，由此带来了生活、收入、看护等一系列问题，这类问题一般发生在80岁年龄段的父母和50岁年龄段的子女之间，由此也被称为"8050问题"。近年来，80多岁的父母和50多岁单身子女一起生活的家庭，由于被社会孤立和边缘化而引发各种问题的案例越来越多，越来越引起社会的关注。

二

据2010年、2016年日本内阁府针对15～39岁"茧居"者的调查，"茧居"者人数分别为70万和54万。而2018年发布的《儿童、青年白皮书》则显示，16～39岁的青壮年"茧居"者预计仍然有54万人。日本社会一般倾向认为"茧居"者更多集中在青壮年，所以这几次调查都将调查对象限定为青壮年，而中老年的状况则不得而知。

2018年日本内阁拨2000万日元预算，针对以往以为是年轻人特有的"茧居"问题，对40～59岁的人口进行了实际调查，以此来掌握中老年人口的实际情况。2019年3月，日本内阁发布的调查结果显示，日本拥有的中年或高龄"茧居"人口竟然超过青壮年，达到613000人，其中70%为男性。如果加上其他年龄段的话，"茧居"人口已经超过100万。如果继续放任这种状况，进入21世纪20年代后，"8050问题"尚未解决就已经过时，取而代之的将是更加严重的"9060"问题。

此次调查中，"茧居"族必须符合以下特征：几乎不出自己的房间；偶尔出自己的房间但不出门；偶尔去附近的便利店；只有有自己感兴趣的事时才出门;"茧居"持续时间在六个月以上。

从调查的结果来看,49%的"茧居"人口感觉生活非常苦,而30%的"茧居"人口则表示想早点死去,其中更有2%的"茧居"人口表示从未工作过。由于长期"茧居"在家,许多人都出现否定自己的倾向,甚至不知道该如何向社会求助。这些人潜意识都认为逃避是可耻的,不工作的人是不配为人类的,所以每天都生活在重复不断的苦恼中。有一部分人也尽力让自己学会去工作,但是在经受很多打击后,最后还是不得不放弃。

造成"茧居"的原因,据调查结果显示:职场受欺占23.7%,生病占23.7%,就职不顺占20.3%,不上学占11.9%,人际关系不顺占11.9%,大学生活不适占6.8%,考试失利占1.7%。可以看出,许多人都是在就职过程中因受挫、受欺、不顺利而产生了就职恐惧,以至于不得不"茧居"在家。

有20多年"茧居"者采访经验的记者池上正树指出:日本社会是一个重视他人评价的社会,通过比较获得价值认同,一旦脱离正常的轨道,再返回就很难。

三

"茧居族"的产生,背景是战后日本社会的结构性变化,简言之,就是生活自由化和雇佣关系改变的结果。此外,也与战后日本人口平均寿命增加以及到70、80岁仍有精力照顾子女的父母增加有关。

1980—1990年的10年中,日本中小学由于校园欺凌等导致不上学的问题集中出现。1989年,随着"昭和"的谢幕,日本开启了"平成"时代,同时也步入了"失去的十年""失去的二十年"。日本经济泡沫破灭,陷入长期的低迷,非正规雇佣以及下岗人员的增加导致年轻人就业难度加大,而在80年代就不上学的这部分年轻人此时面临空前严峻的就业形势。而出生在昭和时代,被誉为"昭和男儿"的父辈们又极力希望孩子能获得正式聘用机会,成为"正社员"。一边是来自家庭的压力,另一边是来自社会的压力,面对严酷的竞争,这些年轻人虽然明知逃避可耻,却不得不承认逃避很有用,于是把自己关了起来,成为"茧居"一族。

就业难以及非正规雇佣还引起了父母和子女之间经济能力的逆转。在昭和时代的经济高度成长期,年轻的子女的经济能力远超过年迈的父母,但进入平成时代，随着经济泡沫的崩溃，年迈的父母的经济实力则超过了年轻的子女。这也从客观上为子女的"茧居"提供了一定的条件，而随着子女"茧居"时间的增加，其年龄也在逐年增加，尤其是超过40岁后，就业难度越来越高，被社会抛弃的概率也越来越高。

日本社会被认为是一个同质性、秩序感、规则性较强的高度"集体性"的社会，生活在其中的社会成员面临着来自周围的不小的压力，被边缘化的人或是较长时间脱离社会的人很难再回到社会中，而长期被边缘化、脱离社会，则只能导致他们对社会的厌恶情绪不断增加，因此报复社会的可能性也会相应增加。

为应对这类问题，进入21世纪后，日本劳动研究机构开始对一部分"茧居"的年轻人（15~34岁）进行持续调查，并引入了一个新词"NEET"（Not in Employment, Education or Training），即"不升学、不就业、不进修或不参加就业辅导的青年无业者"。

四

单身、郁闷、肥胖、懒惰、恐惧、自责、对外界和社交很敏感等，可能是这部分"茧居"族的群体画像，在一档反映民众真实生活的电视节目《去你家可以吗？》中，记者采访了一位高龄"茧居"的男子。这名男子70多岁，只工作过两年半，一直靠父母的遗产过到现在，家里垃圾如山。父亲过世后，每天靠打折的便宜便当孤独地活着。他在节目中感慨：人间（日语"人间"指人或人类）之意就是要活在人之间，断绝与社会的联系，虽然带来了彻底的自由，但也同时带来了无尽的孤独。

亚里士多德在其《政治学》中有句名言："离群索居者，要么成为野兽，要么成为神明。"[1] 在日复一日与社会隔绝的"茧居"生活中，很多"茧居"者都出现了心理的扭曲，逐渐丧失了独立的人格，他们不可能成为神明，注定成为危害社会的野兽。

进入2010年后，随着"茧居"者家庭父母年龄的增加，有一部分人开始不得不走出家庭，同时日本社会也尝试对其进行各种社会支援和帮助。

---

[1] 亚里士多德. 政治学 [M]. 吴寿彭, 译. 北京：商务印书馆，1965：9.

日本厚生劳动省在2009年就创设了"茧居问题对策推进事业"，在全国设置了66所"茧居地域支援中心"，与地方自治体联合，展开了相谈窗口业务、自立支援、就业支援和关于茧居的启发活动等。还实施了"茧居支援者养成研修事业"，致力于尽早发现"茧居"者，有针对性地培养可以对"茧居者"本人或其父母及时进行援助的支援人员。研修结束的支援者，由各市町村通过派遣的形式，对"茧居"人员进行自立支援。

2018年，日本厚生劳动省还增加了13亿日元的预算，用以对"茧居"者进行就职准备支援，强化促进"茧居"者自立的体制。

近些年来，日本一直持续地对这些"茧居族"进行自立支援，但是收效甚微。调查结果显示："茧居"者比一般人有更强烈的自尊。比如，针对"指责其错误或者指出其缺点之时，是否会有持续的郁闷心情"，非"茧居"者中有34.8%回答"是"或者"差不多"，而"茧居"者回答"是"或"差不多"的比例则高达55.3%。而针对"自己的生活，不想别人干扰"这一问题，非"茧居"者中有79.9%的人回答"是"，"茧居族"中有高达93.6%的人回答"是"。可见，"茧居族"的自尊心比较强，并不愿意轻易放弃长期形成的"茧居"生活。针对这种情况，日本还展开了"保护"弱者运动，建立了专门针对"茧居"者的电子商务平台，一部分"茧居族"可以继续保持原来的生活方式，同时还能通过网络平台在家完成工作。

显然，单靠外界社会的推力，是很难改变长久以来形成的"茧居"的生活方式。要回归社会，"茧居族"们首先必须要自我内心"复活"，加上外界的推力，才有可能迎来重生。

纵观日本"茧居族"的诞生历史，既是个人的性格使然，又渗透着浓厚的时代色彩。个人的不努力、不上进自不待言，平成年间日本陷入整体的不婚、不生、不买房、无大志的低欲望也是不可忽视的"温床"。"茧居族"说到底其实就是昭和时代日本高速发展的经济回潮后被甩在了沙滩上的咸鱼。直到一系列事件发生后，日本政府和社会才开始积极采取措施帮助"茧居族"回归社会，以防止其在孤独中走向偏激。但从自立支援的效果来看，事前积极预防，可能远胜于事后救济。拯救"茧居族"，日本任重道远。

精致的孤独：日本人的老年生活

元旦，日本新年，那天下午，我刚刚从研究室返回，正在准备晚餐时，"咚咚、咚咚"，忽然传来了敲门声。会是何人呢？我一边心里嘀咕，一边应声走向门口。

门是开着的，大概是听到了我的脚步声，一位老奶奶穿过门帘，探进脑袋来。我一看，原来是住在对面二楼上的那位老奶奶。还未等我说话，老奶奶就赶紧从口袋中掏出几个红包递过来。"要过年了，这是给孩子们的压岁钱，我也不知道她们的名字，千万别客气。"我一下子有点愣住了。

我都不知道老奶奶姓甚名谁，只是在每天早上送孩子们上学、入园之际，看到她总是特别准时地出现在对面二楼的窗户上，出于礼貌，我教孩子们打个招呼，喊一声"奶奶，早上好"。孩子们总是很听话地对着老奶奶叫上两声。只要上学的日子，每天风雨无阻。有时候，我刚出门，还未及下楼梯，就看到老奶奶已经出现在窗户边。孩子们看见了，也会离好远就大声喊起"奶奶"来。有一次，我清清楚楚地看到，当孩子们喊"奶奶"时，她竟然像小孩子一样跳了起来。脸上绽放的笑容明明白白地告诉我，她听到孩子们的喊声时，是多么高兴。

印象中，这应该还是我第一次这么近距离地看到老奶奶。花白的头发稀稀疏疏，苍老的脸颊上，到处都是被岁月深耕过的条条沟壑，一件灰色棉衣一看就是穿了很多年。看我愣着没动，她向前凑了一凑，不容我有任何推辞，就将红包递到我手里，一边说着"新年快乐"，一边退出门外。我赶紧邀她进屋坐坐，但她拒绝了我的好意，蹒跚着朝着楼梯走去。我一边也向她道着"新年快乐"，一边慌忙穿鞋子送她出门，看着她的背影，心里涌起无限感慨。

三年多前，我搬到了现在居住的小区，待了没多久，因为工作关系，我返回国内，家人则继续留在日本。有一天，妻告诉我说，对面楼上的一位日本老奶奶好像特意买了一袋橘子送到了我家。我吃了一惊，对面楼上的邻居，我好像从来都没有接触过，怎么会送东西呢？我仔细地询问了其中的缘由。妻告诉我说，那位邻居老奶奶是他们在楼下"钱汤"（公共浴池）洗澡时认识的。妻是英语专业出身，但是蹩脚的日语好像并没有影响她与日本人之间的交流。她说第一次去洗澡的时候，那位老奶奶就在她的旁边，洗澡之间，她们交流了很多很多，相互之间自然就熟悉起来。虽然说是熟悉，但除此之外，相互之间却并无再多交流。

等我返回日本，也不记得从什么时候开始，每天早上送孩子们上学入园时，她便会准时出现在她家二楼的窗户边。

农历新年到来之际，我第一次登上了对面那幢楼，敲开她的门，邀请她如果方便的话，来我家一起吃饭，迎接农历新年。她一边客气地说怕麻烦我，一边非常高兴地答应了下来。

尽管我嘱咐了好久，让她来的时候别再带礼物什么的，但她来的时候，还是提了两袋吃的。她告诉我们说，早上我家孩子们上学时，她特意等在路口，问他们喜欢吃什么零食。孩子们回答说，爸爸不让吃零食，所以她买了些水果之类的。我心里很过意不去，但又无法拒绝。

后来我才知道，她应该对附近房屋结构非常熟悉，知道我家是和室，所以来时，还特意带了一个很大的和式坐垫。

吃饭之余，她告诉我说，自己已经80多岁了，搬到现在的住所已经有十几年了。但是十几年前，她其实也是居住在附近。现在那个市营"钱汤"（公共浴池）所在的位置，十几年前是一家理发店，是她哥哥经营的，她在理发店帮忙了20多年。哥哥去世后，理发店被拆除，新建了公共浴池。

那天，她来我家，一直在说话，仿佛好久都没说过那么多似的。我家是市营住宅（类似国内的经济适用房），除了我住的这栋房子和对面一栋同样四层结构的房子外，还有一栋十多层的高大回字形结构住宅。尽管楼高房多，但是实际住户却很少。我住的这栋楼，一层十几户，四层应该有四五十户，但是实际居住的只有四五户人家，对面也一样。

她告诉我说，几十年前，这里新建之时，从未有过一户空缺，都是住得满满的，到处都是人。一楼的商铺，有做豆腐的，有药妆店、书店、两家食堂、电气商、美容院等，热闹非凡。但是现在，商铺已经全部关门大吉，整栋楼就只剩下几户。她根本没有预料到这里的今天居然能变成这样，少子化、老龄化来得太迅速，影响太大了。

我问她自己的孩子及先生的情况。她说她结婚三年后就离婚了，养育有一个孩子,孙子刚刚大学毕业,过年后应该25岁了,居住在北白川附近(距离我住的地方走路大概15~20分钟)。虽然两家之间距离不远,但是无论是孩子还是孙子,从来都不会来她这里。特别想念他们的时候,她会去一下,但也不会住,只是看一眼就返回。孩子都大了,有自己的生活,她觉得不方便打扰。

她说,她的这一生之中,最幸福的时光是田中角荣(1972年出任日本首相,同年9月底访问中国,签署《中日联合声明》,实现了中日邦交正常化,1974年因涉嫌洛克希德事件下台)任首相时。其时,日本经济正处于高度成长期,她也正值盛年,在一家保育园做厨师工作,每月工资都有接近9000日元的增幅,生活过得非常滋润。于是,她利用手头的结余,贷款买了一处房产。可惜,没过几年,田中角荣下台。进入20世纪80年代后,日本经济的高度成长不再,她的待遇也随之回落,之前的风光再也无处可寻,房产的贷款压力与日俱增,直至无力偿还,不得不放弃。

如今,她靠着每月10多万日元的养老金维持着生活,每月房租得付2万多日元(市营住宅其实并没有那么贵,因为她的住宅的一楼属于商铺,十多年前一起租来做点小生意的,如今商铺早已关门,但租金照付),加上医疗、护理、保险费用及水、电、煤气等费用,所剩的勉强能维持生计。看着我家开着空调取暖,她说,她平时都不敢开空调。冷了的时候,就早点上床钻进被窝,但是又睡不着,所以很多时候,都是在电视的声音中挨过那些黑夜的时光。

我问她白天的生活是什么样的呢?她告诉我说,她每天早上很早就醒来了,把屋子收拾一下,就等在窗户边上。等着我家孩子们上学的时候和她打个招呼,她说这是她一天中最开心的时候,她的孙子都没有这么叫过她。

孩子们上学之后,她就出门,去附近的一家咖啡店。一杯咖啡两片面包就是她的早餐。中餐、晚餐有时候是买个便当,有时候也做点吃的。但是一个人实在也吃不了多少,所以很多时候就是酸奶加面包。其余的时间,她就在附近走走,散散心。偶尔去医院检查一下身体,做一次护理。很多时候一天到晚,都说不了几句话。

那天饭间,她还讲到了她隔壁的邻居。我告诉她说,那个邻居我有印象。当年我第一次搬到这里的住宅时,按照日本人的习惯,照例应该到附近的邻居家拜访一下,但是因为附近实在也没住几户人家,唯一看到对面楼下貌似有人,就冒昧地过去打了个招呼。

那是一个一间房的临街商铺，没有任何招牌，透过两扇擦得锃亮的玻璃门，可以看到一位年纪比较大的老奶奶围着灶台，好像在做油炸类的食品。我轻轻地敲了一下门，表明了我的来意，顺便递上了一点小礼物。老奶奶客气地和我说了几句，我见她忙，也不好多打扰，就赶紧离开了。后来经常路过，发现那个小商铺的确是在做油炸食品的生意，偶尔可以看到有人会去买。我还想着，哪天我也去买一点。不过近期好像很少见到那位老奶奶。

她说，那个邻居我永远也不可能见到了，两个月前，晚上睡着后就再没有醒来。原来那个商铺还是老爷爷帮着经营，现在老奶奶过世，老爷爷也无心经营，彻底关了。

她说，到了这个年纪，生死真的就是一秒钟的事，可能前一秒还活着，下一秒就不知道是什么样了。那个老奶奶离世之时，至少老爷爷还在身边，而她哪天要是离开了，不定多久才能被人发现。

听到这里，我想起了那天早上孩子们叫她"奶奶"时，她激动地跳；想起了阳历新年时，她送给孩子们的红包。我好像忽然能理解她的心境了。

截至2018年，日本60岁以上的人口已经超过4300万，占了将近总人口的1/3。像她这样的，绝非少数。行走在日本的街头，随便一驻足，就可以感受老龄化带给这个国家的冲击。出租车司机，几乎都是头发花白的老爷爷。而无论是工地还是超市、商场停车场的保安，也清一色都是爷爷级别的。带着小孩子漫步在公园，会招来很多爷爷奶奶赞叹"かわいい（好可爱啊）"。

没有了孩子们的欢声笑语，曾经的公园荒草丛生。由于孩子们的不断减少，很多学校也开始被迫关闭。少子老龄化，不仅让整个社会出现了严重的劳动力短缺、消费减退，大量繁华的街道也再寻觅不到曾经的繁荣。整个社会也在无形中失去了活力，没有了朝气。

在日本生活久了，会慢慢地发现，少子老龄化并非只是出现在书本或者新闻报纸上的一个概念，而是人人都可以实实在在切身感受到的。

那天，送老奶奶回去后，我的心久久不能平静。我觉得我很有必要重新思考一下"人"，思考一下"人生"。

每年近1.6万人"凭空消失",
"认知症"距离我们究竟有多远?

一

近些年来,许多日本人都遭遇了一场噩梦。一起生活几十年的妻子或者老公,"凭空消失"了。

他们原本只是去附近的便利店买点东西,也就200米左右的距离,几分钟的时间。自己想着应该没事吧,就让他(她)出去了。

出门之前两个人还有说有笑,对方还告诉自己,马上就回来。家里的电视仍然是开着的,盛到碗里的汤还冒着热气,甚至是坐过的地方都留有余温,手机、钱包、外出时经常穿的鞋子都还在那里,而人却再也没有回来……

尽管如此,仍然想着应该是被警察保护起来了吧,毕竟已经是年过70岁的老人,凭一己之力也难以走远。

但事实上,自己却再也没有回来。就这样两年过去了,三年过去了,依旧杳无音信。每当新闻中有"发现高龄女性(男性)的尸体"时,自己的心跳就不由得加速,该不会是他(她)吧!一边在心里默默地祈祷,一边却在想"真要是他(她)的话,悬了这么久的心也就能放下了"。

无论是作为消失者还是作为在家等待者,对于日本人来说,这样的"噩梦"未来说不准哪天就会降临在自己头上。

神奈川市在住的一位80多岁的老奶奶,某天中午出门后,再无任何音信。她原本只是打算去附近距离200米的便利店买点东西,然后返回的。她在几年前被诊断为轻度认知症患者,需要进行日常护理。出门时她的背包里装有返还驾驶证时的驾驶经历材料及丈夫的名片。她平时出门都携带具有GPS定位功能的手机。当天,因为想着只是去一下附近的便利店,就没有携带，结果一去再无音讯。

翻看日本的新闻报道，近年来，类似的事件层出不穷。日本警察厅发布的统计数据显示：2018年间，警察局备案的和认知症相关的失踪人数达16927，比2017年多1064人，是统计开始时的2012年的1.7倍，连续6年呈持续增加态势。

从统计情况看，从失踪受理当日起的一周之内，约7成失踪者还能确定所在地点，但在其后，失踪者在持续的徘徊中可能遭遇事故、遇到河川或体力耗尽，有500多人死亡。而从年龄段上看，80岁以上者有8857人，约占总体的52%；70岁以上者有6577人，约占39%；60岁以上者为1353人，约占8%；50岁以上者仅有131人，约占1%。

据预测，到团块世代（指日本战后于1947—1949年的第一个生育高峰期出生的群体，他们被认为是20世纪60年代助推日本经济腾飞的主力）进入高龄后的2025年，65岁以上的高龄者中每5人中就有1人患有认知症，而日本全国将有约700万人患认知症。而认知症带给日本人的麻烦还远非如此简单。

二

2000年，爱知县大府市在住的一位男性被诊断患有认知症。2002年3月为对其进行有效监护，其家庭主要成员召开会议，确定了相应的监护方针。决定由住在横滨的其长子之妻搬至其居住的大府附近，对其进行日常护理。2007年2月，其被认定为护理等级四（日本将护理分为五个等级，五级为无护理日常生活无法进行，四级为无护理日常生活比较困难），建议进入机构进行日常护理，考虑到诸多问题，最终还是决定在家护理。

为安全起见，家属在其住宅外面安装了监控装置。2002年12月的一天，其中一个监控装置开关被关闭，该男子遂从一个小缝隙中溜出，之后在当地JR（日本铁路公司）共和车站被列车撞死。

事故发生一年后，JR东海公司向其家属提出：由于家属监护不力，导致事故发生，要求家属赔偿当日JR的损失，约720万日元。在沟通无效后，JR东海公司于2010年2月向法院起诉该男子家属，要求赔偿损失。

该案件由于当事人的特殊性，经媒体报道后，引起了日本全国的关注。2013年8月，在经过一系列的调查、取证、控辩双方的较量后，名古屋地方法院一审认定家属对该男子负有不可推卸的监护义务，判决要求家属赔偿720万日元损失。家属方面不满判决结果，选择上诉。在2014年4月的二审中，名古屋高等法院再次认定家属负有不可推卸的监护义务，要求赔偿损失360万日元。在律师的支持下，家属方面选择再次上诉至最高法院。2016年3月，日本最高法院做出终审判决，认定家属无赔偿责任。

该最终判决，受到了日本绝大多数人的支持，被认为是一个划时代的判决。该判决无论是对于认知症本人还是负有监护责任的家属来说都是好事。因为即便是专职的护理人员，也无法确保每个认知症患者都能万无一失，所以营造一个社会全体都对认知症患者负责的环境非常重要。

虽然家属方面最终胜诉，但是此后，国家以及社会应该如何面对类似问题却成为一个新的课题。

一位高龄女性在公交车站候车，迎面来了一名骑自行车的小学生，该女性躲闪不及以至脚部受伤。她诉至法院请求赔偿，法院却以加害者为孩子无法负责、其父母又无支付能力为由，只能以一点小小的象征性的赔偿了结。

类似事例日本几乎每天都在发生，如何建立更加有效的赔偿机制，是迫切需要解决的问题。对此，日本公益社团法人、认知症患者及家属会副代理事、川崎幸医院院长杉山孝博医生提议，日本应该尽快建立第三者损害赔偿制度。

三

在每年近1.6万的认知症失踪案件中，有一部分人能有幸被及时找到，在这些有幸找回的案例中，所有相关的人士都会不自觉地问道："为何会去那样的地方呢？"

在东京大田区一家老年服务机构，一位80多岁的老年男性提供了一份让人震惊的证言。

他在白天的护理时间，趁管理员不注意，从玄关的缝隙中溜出。由于身上并未携带任何现金，因此，该机构想着他应该不会走远，便重点在附近搜寻，但并未找到。数十小时后，他却在距离服务机构十多公里外的大井埠头的一处栈桥被发现。而要去埠头如果不经过一条主干道桥梁的话，几乎无其他途径。他究竟是如何过去的呢？搜寻人员从其肿胀的双脚判断，他也许真是自己走过去的。但是当天天气寒冷，风也特别大，他穿着一件单毛衣，瑟瑟发抖。这是一个正常人都难以做到的。问其本人，也根本无法准确回答。

在这个案例中，失踪者本人穿着一件和季节不太相符的衣服，容易引起周边人的注意。而在日常的失踪案例中，最麻烦的是，失踪者本人并不能引起周边的人注意。

在另一个案例中，失踪者是一位70多岁的老奶奶，日常会话自如，看起来和普通人并无二致，但在某一天却突然失踪。因其不会骑自行车，所以在向警察报案时家属也特意提到其本人并不会骑自行车。但是在被发现时，她却推着一辆来源不明的自行车，看着她推着自行车的照片，家属甚至是左邻右舍都觉得这简直是个奇迹。

认知症患者的失踪者，一般都是在失踪后数日才被发现。据统计，2018年确认死亡者为508人，2017年为470人，2016年为471人，这些确认死亡的失踪者的主要死因是交通事故，其次是低温或溺亡。由于这些失踪者普遍属于高龄，体力及判断力低下，失踪后徘徊至较远地方，导致难以被及时发现。更重要的是，这些失踪者中有很多表现得和平时的日常并不相符，导致搜寻面临重重困难。

为尽早找回这些认知症患者，日本认知症患者及家属会代表理事铃木森夫呼吁，日本全社会应该多关注认知症患者本人及家属，多听听"认知症支援者养成讲座"，加深对于认知症的理解。铃木还同时指出，应该给每一位认知症患者加装能够确认位置的GPS终端或手机。

四

根据日本樱美林大学老年学综合研究所的调查，认知症失踪者在失踪5天后，生存率降至0%。"认知症的徘徊"近年来已经成为一项刻不容缓的社会课题。

据研究，认知症的徘徊，其徘徊的理由和正常人完全相同。主要有：迷失道路、想回家、忘记为何出现在此、过去习惯的再现、寻找安身之处等。

为减少认知症患者外出导致失踪的风险，将认知症患者完全关起来并不现实。一些专家呼吁，日本国内认知症患者众多，将来会变得更多，为此必须培养一种与认知症患者共同生活的意识，实施一些针对性的措施，让认知症患者即使迷路也能够安心回家。

为此，日本政府、各自治体、保险公司、民间企业及其他相关机构联合实施了一系列措施。早在几年前，日本的保险公司就提出必须为"人生100年时代"①准备一些针对认知症患者专用的保险商品。

介于正常人和认知症患者之间者为轻度认知障碍（MCI）者，又被称之为"认知症预备军"。预防认知症的相关保险的重点就在于尽早把握这类轻度认知障碍者的状态，从而及时采取相应的措施。

轻度认知障碍日常的表现为健忘，但轻度认知障碍者对日常生活的判断却非常准确，但一旦继续放任这种状态，其认知机能就会不断下降。

日本综合研究所在2019年3月，对针对认知症对策进行的官民合作实例进行了总结。该所调研部高龄社会改革小组的纪伊信之部长指出："为打造认知症患者也能更容易生活的环境，在医疗、护理等方面之外，还需从交通手段等公共设施及购物、饮食、外出等多个方面着手，对认知症患者本人及家庭进行相应的对策支援，以应对各种潜在风险。"

为了让认知症患者能安心回家，日本神奈川县爱川町导入了一套新的系统。他们给当地所有的认知症患者的衣服上装上了一个具有专用留言功能的条码，扫读条码便能够读取相关信息。在认知症患者迷路或体力耗尽时，帮助发现者迅速与家属取得联系。这种条码在手机无信号状态下也能够读取，而读取的同时，家属方面就会自动收到信息。发现者也能通过条码获取该患者的性别、体态特征、既往病史、失踪轨迹等具体信息。

此外，针对认知症患者的事故，对被害者和加害者双方都同时进行救济的日本第一个体系化的制度于2020年起在神户实施，该制度被称为"神户模式"。

首先，该制度鼓励早期诊断，对65岁以上的神户市民实行完全免费的认知症精密检查。如果被诊断为认知症，将由神户市负担保险费，本人免费加入最高2亿日元赔偿额度的保险。由认知症患者引起的事故或火灾等市民被害情况，无论加害方是否有赔偿责任，都将给受害者最高3000万日元的补

---

① 鉴于人均寿命水平和年龄结构，日本政府预计，自21世纪中叶起，日本将进入"人生100年时代"。为此，2017年9月，安倍内阁发起"人生100年时代构想会议"，主旨是以教育改革为基础，以"青少年·学生""成年人·工作者""老年人·退休"三个人生阶段为对象，争取在未来4年（2017—2021）找出一条满足"超长寿社会"需求，使每个年龄层次的人都能健康、充满活力地生活与工作的发展战略与道路。

偿。在确定赔偿责任的情况下，如果加入上述赔偿责任保险，将可获得最高2亿日元的保险赔偿。

其次，针对当事者的保险，将对搜索等费用进行补偿。认知症患者在失踪后，要进行必要的搜索，为减轻相应的搜索负担，也推出了相应的保险。这类保险是本人在确诊为认知症后加入的一种保险。每次搜索保障上限为30万日元，包含出租车及委托搜索人工费等。

最后，还有一种是汽车保险，针对认知症患者驾驶车辆导致的交通事故，在被认定为"无责任能力"的情况下，可代替其家属或负有监督义务者（甚至是在患者独自生活、无监护人的情况下）对受害者进行赔偿。

可以看出，针对认知症，日本社会正在积极行动。路途虽然遥远，但希望那些"凭空消失"者都能早日回家，家里人还在一直等待着。人生100年，并不是简单地让人的寿命努力延长到100岁，如何让社会公共福祉更加有效地保障高龄者的生活，让高龄者能更加舒适地安享幸福生活，才是人生的本质追求。

"日本宣布攻克白血病"属乌龙，但是医疗福利却不假

2019年8月，一篇宣称日本攻克白血病的文章到处刷屏，虽然被证实是虚假消息，但是"白血病等于绝症"的认知以及白血病给人造成的危害，恐怕也是这条消息能够刷屏的原因之一。

还记得2016年刷屏的《罗一笑，你给我站住》的主人公吗？罗一笑就是因为白血病去世的。而央视春晚曾经的小"福娃"邓鸣贺也是因为白血病去世的，年仅8岁。客观上讲，人类迫切需要及早攻克白血病。

一

"Kymriah"，日文名为"キムリア"，实际的名字叫"Tisagenlecleucel"，最初由美国宾夕法尼亚大学的卡尔·H. 尤恩（Carl H. June）教授带领的研究小组研发，后由瑞士的诺华（Novartis）公司商品化。2017年8月得到了美国FDA承认，在美国使用。其治疗原理简单来说就是通过取出患者体内的"T细胞"，加入能够攻击癌细胞的基因后再放回患者体内，达到清除癌细胞的目的。

该方法适用于患"B细胞急性淋巴性白血病"的25岁以下青少年和"弥漫性大B细胞淋巴性白血病"患者，并且仅限于用现有抗癌药治疗无效的患者。该方法通过简单的静脉注射就能达到治疗效果，是一种CAR-T的免疫细胞疗法。

实验结果表明，这款名为"Kymriah"的特效药的问世，直接将白血病原本只有20%的治愈率提升至80%！毫无疑问，它给了白血病患者重生的可能。但是，这款白血病治疗药品的价格也是非常惊人的。2019年5月，日本厚生

劳动省将该药价格定为单次 3349 万日元，折合人民币 200 万元左右（而同样是这种药，在美国价格则高达 5300 万日元。差距产生的原因在于，美国是依照患者的治疗效果来收费，效果越好，收费越高。而日本却是无论治疗效果如何，都统一适用保险）。这对于普通的家庭来说简直就是天文数字，而为了让所有白血病患者都能用上这种特效药，日本厚生劳动省接受中央社会保险医疗协议会的建议，将其纳入了全民健康保险。

随着医疗技术的进步，近年来，高额治疗费的案例数量在持续增加。据日本健康保险组合联合会统计，2017 年度的一个月中，医疗费超过千万日元的就有 535 例，比 5 年前增加了 2 倍。

在日本，不仅白血病被纳入了医疗保险，近年来，随着肺癌、丙肝、脊髓损伤、淋巴肿、遗传性视网膜疾病等相继有各种针对性药品问世，虽然其治疗费用也不断被刷新，但为了让患者能"治得起"，日本均将其纳入了全民健康保险。

还记得《我不是药神》公映的时候，网上铺天盖地的质疑声都是针对"看病为什么这么贵""救命的药为什么就不能便宜"。后来便有人科普了医药费高昂的原因：实在是因为好药都是耗费无数人力、财力才得以研发出来的，没法便宜。

既然药价无法下降，那就让国家与国民一起负担吧。以这款白血病的特效药为例，纳入保险就意味着凡是持有日本国民健康保险的人，只需要支付 30%（折合人民币 60 万元左右）的费用，而剩下的 140 万元左右的费用由税金和社会保险来报销。

不过即便是 30% 的费用，对于一些低收入家庭来说，也依然承受不起。

很多人或许马上会想到"众筹"，请求社会的爱心救助。在日本，如果连那 30% 都支付不起的话，也完全不必担心。日本还有其他一系列的相关制度。

二

日本的医疗体制介于北欧模式与美国模式之间。北欧国家多采用公共医疗体制，效率相对较低；美国则完全私有化，医疗水平虽高，穷人却"享受"不起。

日本医疗体制的最大特色是，医疗服务由民间提供，医疗费用则由政府负担，既保证了效率，又解决了看病难、看病贵的问题。

截至 2019 年 3 月，日本有近 1.3 亿人口。据世界卫生组织统计，日本每千人拥有的平均病床数为 13.7 床，远高于世界均值的 3.7 床，高居世界第一。同时，日本实施极其严格的医师准入制度，所以民间诊所的医疗水平十分有保障。

在日本，在社区附近可以看到各类私人医院和小诊所。如果有感冒、头疼、发热等情况，日本人的第一反应是去附近的诊所看看。

需要说明的是，日本的医师虽然有开设诊所的自由，但大多数情况是老大夫在累积了一定经验之后才出来开诊所。笔者第一次去日本的诊所时，就注意到一个很有意思的现象：诊所进门正对的墙壁上悬挂着的是两代医师的博士学位证。有的据说甚至几代医师都是同一所大学的博士，所以，即便是小诊所，日本医生的整体素质也是不可小觑的。

另一个优势则是，小诊所的广泛设立，可以最大限度地实现全国医疗资源的优化配置。一般的小病在小诊所就看好了，如果碰到小诊所不能解决的疑难杂症，会由医师开具介绍信，介绍到相关的大医院去。日本的大型综合医院一般都规定：如果没有介绍信直接去大医院看病的话，会被收取高额的额外费用。而且大医院很多都是预约制，排队也会消耗很多时间。

除此之外，无论是各类私人医院、小诊所还是大的综合医院，日本的医药实行完全分离政策。医生在给病人开药方时，只考虑对症下药。拿着医生的处方，患者可以到街头任意一家药店买药。

药店则会根据医生的处方，给患者推荐具体的药品。对于有些新开发的药品，价格稍贵，药店也会直接征求患者的意见，患者可以选择新药，也可以选择旧药。如果是经常用药的，药店会专门准备一个类似用药笔记的小本子，上面会记录每次用药的详细状况，这能为之后的医生诊断及用药提供依据。

三

那么，在日本看病，究竟是如何收费的呢？这就涉及日本的医疗保险制度了。

日本的国民健康保险法在第一次世界大战后已制定实施，但是由于当时实行自由加入制度，很多国民并未加入医疗保险。战后至1955年，日本仍有1/3的国民未加入保险。1958年，日本颁布实施新的《国民健康法》，强制要求所有国民必须加入国民保险，加入国民保险成为每个国民的义务。

到1961年，日本就实现了国民保险的全面覆盖，但是此时，要求患者自己负担的比例为医疗费的50%，相对比较高。随着日本经济的繁荣，1973年，患者负担比例减为30%。

1973—1983年的10年间，日本曾一度实行老年人免费医疗制度，但是之后随着老年保险制度的改革，老年人也须负担其中的一部分费用。

2019年日本各医疗机构患者窗口负担比例，从小学生到70岁是30%，70岁到74岁是20%，75岁以上是10%。尽管只需付30%的医疗费，但是遇到重病、大病（如本文开头提到的白血病等）也可能会有高额的医疗费用需要支付。

为了不至于加重生活压力，日本的医疗保险中还设有高额医疗费制度。根据此制度，无论什么病，在医院住多久，自己只需要支付一定额度的费用，超过部分由保险来支付。具体的区分则是根据年收入来确定的。

表2　高额医疗费自付限额表（单位：日元）

年收入	上限额度（月额）	上限额度（年额）
年收入1160万以上	252 600+（医疗费-842 000）×1%（多次：140 100）	2 018 700
年收入770万~1160万	167 400+（医疗费-558 000）×1%（多次：93 000）	1 339 200
年收入370万~770万	80 100+（医疗费-267 000）×1%（多次：444 00）	639 900
年收入370万以下	57 600（多次：44 400）	572 400
年收入100万以下	35 400（多次：24 600）	21 000

注："多次：140100"，是指在接受治疗前1年内，若有需要支付3个月以上高额医疗费的情况，则从第4个月起只需要支付140100日元。下同。

例如，未满70岁，年收入为370万~770万日元（约人民币21万~45万）的患者，若实际医疗费为100万日元（约人民币58 000元），自己负担30%的话，需要支付30万日元（约人民币17 600元）。但是，根据最高限额制的公式，自己实际的负担额为87430日元（约人民币5100元）。而且如果入院超过3个月的话，还有相应的减免。

这样一来，不仅费用大为减少，而且为了减少患者的麻烦，日本医疗费的支付，都是医院依据保险及限额规定，算出患者最终需要支付的费用（或每个月需支付的费用）并将票据寄送给患者，患者只需支付自己应该负担的那一部分即可。

近年来，日本少子化问题越来越严重，儿童医疗随之逐渐向免费化发展。

按照日本现行医疗制度，学龄前（截至7岁那年的3月）儿童的医疗费负担比例为20%，小学一年级以上则为10%。

日本全国各自治体根据财政状况不同，基本都设有儿童医疗费补助制度。例如，有的地方规定儿童至18岁之前，无论是住院还是看普通门诊，均为免费。也有的地方规定学龄前儿童实行全部免费。

对小学一年级至15岁的儿童青少年，各地的规定也各不相同。以京都市为例，0~3岁儿童，无论是门诊还是住院，无论任何疾病，每月只需负担200日元（大概人民币十几元）。比如，在本月初去了一趟医院，花费满200日元后，当月无论何时再去任何医院，均无须再付任何费用。3~15岁，每月最高花费3000日元，如果超出，可申请现金返还。

四

与少子化相应的是日本人口老龄化，这一方面导致医师、护理人员严重短缺，另一方面加重了医疗费用的负担。老年病、慢性病占比不断提升。

近些年，在日本主要的疾病大类中，典型的老年病，如恶性肿瘤和以糖尿病为代表的内分泌代谢疾病占比明显增加。为了应对这类疾病，日本非常重视早期筛查与预防。各地保健中心每年通过当地的人口登记数据，适时将各类疾病的预防、检查等通知单寄送到相应的人的家里，提醒其按时参加体检并做好相关疾病的预防与筛查工作。

人口的老龄化也导致了急救比例的上升。据统计，2017年，日本全国急救的高龄人口（65岁以上）达337万人，占整体的60%以上。值得一提的是，作为生命健康保障的重要一环，日本的救护车是不收取任何费用的，碰到事故、急病时，只需一个电话，几分钟之内便有专业的急救人员抵达指定地点。近年来，随着在日外国人的增加，急救电话也开启了多语种应对模式。

2019年8月，医学界国际权威学术期刊之一的《柳叶刀》（*Lancet*）发布了全球195个国家的保健医疗质量排名，日本紧跟西欧、北欧小国之后，排名第十二，为亚洲国家最高排名。但是从医疗质量的得分来看，日本得分为89分，与综合排名第四的瑞典仅一分之差，可以说几乎无差别。如果再考虑到西欧、北欧小国的人口、社会等因素（排在日本前面，人口数量从几万到几十万、几百万不等，最高也不超过2500万人。比如，安道尔公国得分95，而人口只有7万；冰岛得分94，人口只有33万），以同等人口规模和社会状况等因素来衡量，日本的医疗质量毫无疑问属于世界最高水准。

一般来说，人口越多，就越难以保证所有人都接受高质量的保健医疗服务。因此，作为拥有1.26亿人口的国家，能在医疗质量和利用便捷程度方面排名全世界第十二位，是非常难得的。与七国集团（G7）的其他六个国家相比，日本也以89分位居第一；美国81分，排名第35位；英国85分，排名第30位。

近年来，在世界卫生组织（WHO）的全球医疗水平评比中，日本也连续多年稳居第一。当然，这种荣誉也缘于日本在医疗保障领域多年的探索和改进。

在日本，只要加入国民医保，哪怕是刚刚入境的持有中长期签证的外国人，都可以不用担心有"治不起"的病。日本出色的医疗体制，不仅用心呵护着全体国民的生命质量，也为日本成为世界最长寿的国家之一做出了巨大的贡献。

日本的教育

2019年8月,时任日本首相安倍晋三的一则视频刷爆了朋友圈。在该视频中,安倍宣布从当年10月份起,日本3~5岁的幼儿教育与保育全部免费。

其实,早在2019年初的记者招待会上,安倍晋三就已经宣布:"从本年度10月起,日本的幼儿教育将全部实现免费。这是战后70年来,继小学、中学实行9年制义务教育以来的一次重大改革。"不仅如此,从2020年起,日本高等教育也将免费化,政府将向就读于大学、短期大学、专门学校、高等专门学校的低收入家庭发放补贴型奖学金。这意味着,日本从幼儿教育开始,中小学、大学教育将全部实现免费。

一

日本的幼儿园大概分为公立和私立两种。公立的一般由国家、地方公共团体、学校法人等依据《学校教育法》设置。私立则须经各县知事批准后,由各民营机构自行设立。主要对象为年满三岁的小学入学前的幼儿。以京都市为例,共有市立幼儿园16所、国立幼儿园1所、私立幼儿园99所。幼儿园的主要责任是给适龄儿童提供健康的成长环境,促进其身心发育。

除幼儿园外,日本还有比较类似的保育所制度。保育所(园)是根据《儿童福祉法》设立的,主要面向由于夫妻双方均上班、单(双)方生病或有亲属要照顾等,无精力抚养孩子的家庭,对象是从零岁起至小学入学之前的幼儿。同样,保育所(园)也可以分为公立和私立两种。京都市拥有市营保育所18所,民营保育所229所。

幼儿园与保育所(园)的不同之处有:首先,幼儿园的教师被称为是教谕,属于学前教育教师,而保育所(园)的教师则被称为保育士。教谕与保育士的区别在于所要求的资格不同，幼儿园教师必须取得教谕许可（类似教师资格证），而保育所（园）的保育士则必须取得保育士资格证。其次，幼儿园原则上规定，每个班人数为35人以下，配备专任教谕一名（此外，还有生活、保健教师等）。而保育所（园）的配置则根据幼儿年龄段不同，标准也不同。以京都市为例，保育士的配置标准是0岁幼儿每3人一名保育士（国家标准），1岁幼儿每5人一名保育士（国家标准：每6人一名保育士），2岁幼儿每6人一名保育士（国家标准），3岁幼儿每15人一名保育士（国家标准：每20人一名保育士），4岁幼儿每20人一名保育士（国家标准：每30人一名保育士），5岁幼儿每25人一名保育士（国家标准：每30人一名保育士）。最后，幼儿园和保育所（园）的设施配置标准也不相同。

关于入园，幼儿园只要年龄在4岁（3岁可以入园，但每周只限定几个小时在园）以上，即可去意向幼儿园申请入园。而保育所（园）则对儿童年龄没有限制，但是要求出示父母双方的工作证明，或因就医等原因无力抚养孩子的证明。申请入园的材料也是提交当地区役所儿童福祉中心，根据情况，还会对家长进行面试。

保育所（园）的入园程序虽然看似复杂，但通常的做法是有需求的准妈妈在临产之前就已经向当地儿童福祉中心提交入园申请，所以，宝宝出生没多久，有些甚至刚出医院，就被送至保育（所）园。保育（所）园的保育时间从早上开始一直持续到晚上，不仅日常吃喝拉撒父母不用操心，甚至是周末都可以申请保育。安倍晋三当政以来，为鼓励更多女性进入工作岗位，不仅鼓励增设保育所（园），还大幅提高保育士的待遇。据京都市官方统计，截至2019年3月，市内没有一个需要入园的孩子没有入园。

二

在日本，每生一个孩子可以得到生育补贴42万日元，如果仅在日本登记，但未在日本生产，补贴为39万日元。这部分补贴主要用来支付医疗保险未覆盖的那部分生产费用（顺产基本上会有近一半金额的结余）。如果遇到一些特殊情况，如剖宫产或提前入院保胎等，区役所医保中心还会提醒准妈妈办理一张特殊的保险卡。凭该卡无论在医院住几个月（日本住院不准陪护，一日三餐和生活中遇到的所有问题全部由医院负责，家属只准在规定时间段内探望），无论在生产过程中产生多少额外的医疗费用，只需要按照该卡的限额（根据收入而定）支付即可。其余无论多少，由医院和保险部门直接结算（如住院两个月大约花费了一百多万日元，实际个人可能只需支付几万日元）。

当第一次检查发现怀孕时，医院并不会要求准妈妈支付当次的检查费用，而是建议准妈妈去所在区役所（区政府），凭医生开的怀孕证明免费领取一本母子手册（有日语、英语、中文、韩语四种语言版本供选择）。母子手册由四个小册子组成。第一个小册子按照产检顺序列了生产前所有可能遇到的产检项目，类似医保单。准妈妈只要按照和医生约好的下次产检的时间，到医院时由结算处撕下一页即可。以后每次产检完毕，同样由医院结算处直接撕下一页母子手册上的产检单。医院会凭那页单据直接和保险部门结算，不需要个人再花一分一毫的金钱和精力。

第二个小册子则记录了医院里母子双方的生产状况及产后检查的一些项目，如产后妈妈的周检及月检，宝宝的月检、三个月检、六个月检、一岁检、一岁半检，等等。另外还列了宝宝护理的一些基本常识及各阶段全日本宝宝的各项平均指标值等供参考。宝宝的月检、三个月检等均由当地政府母子福祉科来负责，月检是上门来检查，以后则是到时间之前，会有邮件告知时间、地点，然后母子按照通知时间、地点去检查即可。不同的阶段，还会有专门的医生负责讲解该阶段宝宝抚养的注意事项。

第三个小册子则是宝宝的疫苗接种手册。日本的疫苗接种通常选择距离住所最近的儿科诊所，当然也可自行选择接种机构。第四个小册子专门讲解一些疫苗接种的常识，以供参考。一般第一次去接种的时候，医生就会按照疫苗接种的节点，列出所有疫苗大概的接种时间，以后每次去接种的时候预约好下一次即可。

宝宝出生后需要去区政府登记。于是，从登记的那个月算起，在宝宝3岁之前，其父母每个月可以领取1.5万日元的育儿补贴。3岁以后每个月可以领取1万日元，直到中学毕业。该补贴每4个月发放一次，汇款至指定账户。宝宝三岁之前无论生什么病，住多久医院，每个月只需付200日元即可。如日常的感冒咳嗽，当月第一次去医院付了200日元后，同一个月份再去看病，不用再进行结算。

日本扔垃圾是收费的，宝宝出生后，尿不湿的用量可能比较大，垃圾自然会增加。于是，你会惊讶地发现，某一天，福祉中心会通过新登记的宝宝出生记录，直接将足够用一年的垃圾袋寄送到家里来。第一次宝宝月检的时候，区政府保健中心的工作人员还会告知住所附近的一些可以带宝宝去玩的设施、场所等，缓解妈妈们每天带孩子的不良情绪或压力等。

日本的每个小区，无论大小，都设有儿童玩的公园，根据小区的大小，规模不同。但无论多大或多小，秋千、沙坑、滑梯、高低杠等都是必备的。

宝宝出生后，如果父母双方均为上班族，可以申请将宝宝送至保育所（园），根据工作时间、收入等状况，宝宝的入园时间、费用都不相同。无论入幼儿园还是保育所（园），每月一次的体检则是雷打不动的，检查结果会直接记录在宝宝的成长记录表上，需要家长签字确认。

宝宝进入换牙期后，为保证牙齿的健康，学校会定期进行牙科检查，将检查结果反馈给家长，根据牙医意见选择是否就医。小学阶段的小朋友去任何一家牙科，看任何齿科病都是免费的。

此外，儿童福祉中心还受理来自学校、家庭等的任何相关咨询，对小朋友成长中可能遇到的家庭的不和、家长的虐待、厌学等不恰当行为提供指导、认定、治疗等。

由于日本的中小学实行宽松的教育模式，放学时间较早，为保证孩子们的安全，每所小学操场边上就设有儿童馆。放学后，家长不在的小朋友由儿童馆的老师直接负责接至儿童馆。儿童馆设有游戏室、阅览室、公共学习室等，还和小学共享操场，小朋友可以在那里学习、玩耍。为保证孩子们的健康，儿童馆每天还提供一些小零食。

三

据统计，2018年，日本人口出生数为918 397人，为历史最低，已连续3年低于100万人。"高龄少子"已经成为日本国家面临的头号问题。而据日本内阁针对20~30岁男女进行的"什么情况下会考虑生宝宝"的问卷调查结果显示，"对将来教育进行补助"和"对幼儿园及保育院进行补助"的回答分别占据了前两位。为此，日本一直在不断优化和强化生育鼓励政策，除了对产检、住院生孩子给予费用补贴外，有些地方在宝宝出生之后还给牛奶金补贴。此外，还有其他各种奖励政策。

尽管保障条件如此优厚，这些政策仍然没有给日本带来多大改善。在此背景下，2015年9月，安倍又提出"安倍经济学"的"新三支箭"。"第一支箭"是强大经济,"第二支箭"是构筑梦想的育儿支援,"第三支箭"是安心的社会保障。而"第二支箭"的核心举措即安倍在2017年9月召开的经济财政咨问会议上提出的"造人革命"。

"造人革命"主要是利用通过提高消费税而增加的财政收入,构建一个无论是年轻人还是老年人都可以安心的全面的社会保障制度。具体来讲,即在2020年初,计划增加50万人的介护岗位;提高介护人员的薪酬待遇;提高机器人在生活中的应用率;改善劳动环境;减轻劳动人口的负担。在保育设施方面,安倍提出计划建设可服务59万儿童的保育设施,以此把女性从家庭中解放出来,提高抚养孩子的女性的就业率。

2017年12月8日,日本内阁通过了安倍"造人革命"的两大新政策。

第一,幼儿教育、保育的免费化;

第二,大学等高等教育的免费化。

这两项政策出台的最大背景就是日本严重的少子化和高龄化。政策的主要目的就是为养育孩子的家庭减负,提高全日本的生育意愿,以扭转新生儿出生率逐年减少、人口增长速度持续走低的严峻形势。

这项教育免费政策是2017年12月通过的所谓"造人革命"的一部分,计划是从消费税增加后日本政府增收的税款中拿出8000亿日元(约合人民币460亿)用于专项教育补助补贴。

具体实施方案是,规定年收入低于260万日元(约合人民币15万)的家庭的0~2岁幼儿可以选择指定的幼儿园、托儿所入学,费用将由政府承担。如果是公立之外的私立幼儿园,政府每月将补助最高4.2万日元(约合人民币2400元)。针对3~5岁幼儿的入学问题,日本政府则采用"全部免费"的方针:即无论家庭的年收入是多少,学校费用都会全部免除,实现幼儿教育全免费。如果是3~5岁的幼儿入学私立幼儿园,日本政府将每月最高补助3.7万日元(约合人民币2100元)。

在高等教育方面,为推动高等教育免费化,日本政府已基本决定针对年收入不到380万日元(约合人民币22万元)的家庭实施免除学费及提供补贴型奖学金等支援措施。年收入不到270万日元(约合人民币16万余元)的日本居民家庭可享受大学教育完全免费,对年收入高于270万但不到380万日元的家庭也将根据其纳税情况分阶段提供部分支援。具体来讲:

第一,学费免费对象是年收入不到270万日元的家庭,以及读公立或国立大学的学生。如果孩子考入的是私立大学,最多免除70万日元。

第二，不仅是大学学费可以免除或减免，就读短期大学、高等专门学校时，也能享受这一政策。

第三，部分减免。

1. 对于非课税家庭，年收入在 270 万~300 万日元时，学费减免 2/3；

2. 对于非课税家庭，年收入在 300 万~380 万日元时，学费减免 1/3。

日本的小学、初中都是义务教育，而作为"安倍经济学""第二支箭"核心的"造人革命"政策如果实施，可以想象日本家庭要培养一名大学生，至少在学费方面只需要花很少的钱，甚至不用花钱。

安倍"造人革命"的初心是举全国之力来提高日本民众的生育意愿，从而提高人口活力。但该政策实施的条件是日本政府于 2019 年 10 月将消费税率从 8% 提升到 10%。因此，部分日本人并不认为此举能取得较好的效果，因为事实上日本在几年前就实现了上幼儿园第二胎半价、第三胎免费（对家庭年收入和一胎年龄有限制），但新生儿出生率和年轻人的生育意愿并未改善，依旧保持在较低水平。

日本的"高考"

说到中国的高考,相信很多人都很熟悉。可你听说过日本的高考吗?日本人通常把他们的入学考试叫作"考试地狱(試験地獄)",高考也是非常有难度的。

让我们先看几个日语词汇:

"四当五落",指每天睡觉四小时就能考上心仪的大学,而睡五小时就会名落孙山。

在日语中,落榜生被统一称为"浪人"。一次高考失利称为"一浪",二次失利称为"二浪",三次以上称为"多浪"。而已经考上大学但感觉不太理想,为此继续参加高考的学生被称为"假面浪人"。"一浪当然"就是第一次高考失利是理所当然,是再正常不过的。日本的高考难度由此可见一斑。

一

日本的大学分为三种:国立大学(国家出资)、公立大学(地方政府出资)和私立大学(个人或财团出资)。私立大学学费一般是国立、公立的两倍左右,相对贵了不少,但考试制度也相对灵活一些。

国立公立大学中有名的有东京大学(战前日本的第一所帝国大学)和京都大学(第二所帝国大学)等。东京大学在全亚洲都是数一数二的学校,也是很多日本学生挤破头都想进的。

私立大学中也有一些非常有名的,如关东地区的早稻田大学和庆应义塾大学,关西地区的同志社大学和立命馆大学等。

日本的高考不是一锤定音,现行高考制度要求学生参加两轮考试。第一次为大学入学考试中心主持的统一学力考试,称为"大学入试中心考试"。统一学力考试的科目包括语文、数学、外语(英语、汉语、法语、韩语、德语任选一种)、社会和理科。日本高考的第一次考试,即"学力考试",在每年1月下旬的星期六和星期日两天举行。考试由大学入学考试中心根据日本文部省制定的《高中教学大纲》命题,统一学力考试合格者方可参加大学单独入学考试。

从2月中旬至3月底,各大学根据自己的情况,进行第二次专门考试。第二次考试由大学自行组织举办(类似于国内的"自主招生")。单独入学考试由各大学、学部实施,考试方法多种多样,主要测试考生的学术倾向。考生根据自己的考试情况决定第二次报考的学校和专业。考试形式也由各大学自行决定,有笔试、面试、小论文写作、实际操作等诸多形式。

有的大学的二次考试,分为前期考试、中期考试、后期考试三种,有的大学只有前两种或前一种。如果你在前期考试中失利了,还可以继续挑战中期、后期考试,可以多些机会。

目前一般的国立公立大学在第二次考试时会采用"一般入试",即以考试成绩作为衡量能否入学的依据。但众所周知,近年来随着日本人口减少,考生人数也在逐年减少,为确保生源,越来越多的私立大学采用"AO入试(Admission Office)",即考生向学校提交自我推荐信,大学通过面试、小论文等从多方面考虑考生是否符合学校的招生要求。

AO是美国大学负责招生的部门Admission Office的简称。"AO入学考试"注重对考生的全面考察,侧重面试,重点选拔有强烈学习愿望、目标明确的考生。根据规定,在下列标准当中,考生必须至少满足一条,方能被录取:学习成绩优秀;在学术、文化、艺术、体育等领域有突出成绩;参加过志愿活动;有高等技术资格证书;在高中担任过指导学生的工作;语言或计算机能力优异等。"AO入学考试"的具体实施因大学而异。东北大学、庆应义塾大学和早稻田大学等名牌高校侧重"选拔":先审核考生材料,要求合格者提交论文或报告,以及详尽陈述入学动机和目标的志愿书,筛选之后进行面试。静冈大学、立命馆大学和福冈大学等则侧重"体验":根据考生在模拟课程和研讨会上的表现及其提交报告的内容、成果,判断他们是否符合要求。

国立公立大学在报考时只能选三个大学,而私立大学报考是不限数量的。不过私立大学的报考费约在3万~5万日元,也是一笔不小的开支,所以没有人会无限制地考下去。

一般来说,哪怕志愿是国立大学的学生,也会再报考一个私立大学进行"保底"。

当然，不要因此就以为私立大学是次等大学，像早稻田大学、庆应义塾大学等都是非常有名的私立大学。

二

这种多元的大学入学考试方式，加上近年来日本严重的少子化，考大学对于日本学生来说，似乎并没有那么难。但是现实显然并非如此，其缘由首先和日本的学历社会有关。

在学历社会中，社会成员的地位、职务、待遇等，不是由其本人的能力决定，而是由其学历高低，尤其是出身学校的声望来决定。在这样的社会中，学历与雇佣制度、工资制度、晋升制度等紧密联系在一起。日本社会普遍采用终身雇佣制度，尤其重视应聘者的学历，高学历和名校学历在就职竞争中具有终身决定性。

长期以来，原帝国大学（现在分别是东京大学、京都大学、东北大学、九州大学、北海道大学、大阪大学、名古屋大学）毕业生可全部或部分免除官吏、医师、律师等职业考试，直接就业或开业。

而在工资制度上，日本广泛采用年功序列制，即根据职工的学历和工龄长短确定其工资水平。学历越高，工资越高；工龄越长，工资也越高，职务晋升的可能性也越大。如果学历、能力和贡献不相上下，工龄就是决定职务晋升的重要根据。这里所说的工龄，指在同一公司或企业内连续工作的年数，而在不同公司工作的工龄一般不能连续计算。

终身雇佣制和年功序列制给职工一种稳定感。员工不仅忠诚度非常高，而且工作心理压力不大，避免了企业内的过度竞争，在日本社会的进步和发展中起过巨大的积极作用，也在另一个层面上推动了日本学历社会的一再升温。随着大学生就业竞争压力的增大，一些企业在录用大学毕业生时直接采用了"指定学校"制，即只录用指定学校指定专业的毕业生，注重大学的"牌子"。企业内部加薪、晋级也逐渐和出身学校直接关联，出身学校成为学历社会中的身份标志。

个人如果想谋取理想的职业，就必须考入一流的大学，而为了能进一流的大学，就必须先考入一流的高中，为了能进一流的高中，必须先考上一流的初中……最终导致各级学校都变成了大学的预备学校，入学考试竞争压力逐级下移，导致各级学校的补习机构泛滥。

近代以来，随着私立大学的出现，一些私立大学一方面为保证生源，另一方面为避免学生的升学压力，基本都开设了从幼儿园到大学的完整的学校体系。学生从幼儿园开始可经逐级推荐免试入学，直至最终免试进入大学。这为一部分家庭条件优越的学生，直接铺平了一条走向私立名校的绿色通道。

这种特权的出现，在一定程度上更刺激了日本社会对"一流企业、一流大学"的特殊情结，日本社会也逐渐成了考试的社会，所以才有文章开头提到的"考试地狱"等词汇的出现。

三

当然，日本学历社会的形成，并非一朝一夕之事。日本明治维新（1868）以后，职业选择开始自由化。1871年作为中央级官厅之一的文部省被设立。1872年文部省制定颁布了日本第一部教育体系法制《学制》，强调"学问乃立身之本""生而为人，必须要学习""邑无不学之户，家无不学之人"，开启了日本的全民教育时代。而传统的已经走向没落的士族发现了一条通过学习而"立身出世"的机会，学习的氛围逐渐形成。到1890年，《大日本帝国宪法》颁布实施，"接受教育"与"服兵役""纳税"相并列，成为宪法规定的国民三大义务之一。

而在1886年，文部省制定颁布了一系列教育法规，改革学校制度，创设了第一所帝国大学（东京帝国大学）。翌年颁布实施了《文官试验试补及见习规则》，规定帝国大学的法科、文科及其前身学部的毕业生可以免除高等文官考试，直接以高等文官见习的身份进入中央政府官公厅。1897年，虽然废除了免试任用的特权，但是新制度下帝国大学的法科，旧东京大学法学部、文学部，旧司法省法学科正科的毕业生仍然保留了免除高等文官考试预备考试的特权。由此，明治时代社会威信非常高的职业——中央政府官僚的任用与学校制度相结合，学历社会开始形成。

从那时开始，不仅官僚的任用要看出身大学，社会上其他一些职业（法官、检察官、律师等）也规定部分大学的毕业生可以免试获得职业资格。由此确立了"帝国大学法科毕业＝高等文官考试合格＝中央政府高级官僚"的立身出世的社会通用规则。

不仅法科有这样的特权，帝国大学医科、工科、农科等专业的毕业生，几乎都会在毕业后成为各领域的高级官僚或高级技术人才，"学历精英"的理念也逐渐形成。

而同样是在1886年，日本在全国设5所高等中学校，其毕业生可以免试进入帝国大学，自此立志于入帝国大学者，转向了先立志进入高等中学校。高等中学校的入学考试竞争激烈化。其中第一高等中学校可以免试进入东京帝国大学，导致一高的入学考试竞争非常激烈，所以考入一高的学生的社会地位也水涨船高。

读者可能比较熟悉川端康成的《伊豆的舞女》。小说主人公作为一高生，在山间茶馆避雨时，舞女将自己的坐垫翻过来摆在主人公身边。而茶馆老婆子对他和艺人一热一冷的差别态度，可见当时的一高生在社会上的优越地位。

值得一提的是，为发展近代科学教育，明治时期的日本从国外引进大量外籍教师，用外语直接授课。1877年，东京大学刚刚成立之初，全校的教授中外国人28名，日本人只有9名。不仅外国人的数量大，其待遇也非常优厚，基本和当时日本内阁各大臣和次官的待遇持平，是日籍教师的数倍之多。比如，1875年日本文部省雇佣的72名外籍教师的月薪总额，远远超过了文部省468名职员及其下属所有学校教员月薪的总额。日本政府每年还投入大笔经费，积极派遣留学生赴欧美留学，待其学成归国后，取代外籍教师。

四

近年来，随着日本人口的减少，大学的扩招，大学入学率持续增长，理论上所有高考学生都进入大学也并非不可能。但是高考的竞争压力仍然非常大，说到底，就是名校的竞争，也许这才是真正的"一考定终身"。

在中国，大学的入学率近年来也在持续增长，在不久后的将来，或许会出现类似的情况。当人人都可以上大学的时代来临，并不意味着大学入学竞争压力的消失，或许恰恰相反，无论高考如何改革，大学入学竞争都将会变得更加激烈。这几年，国内在人才聘用上兴起的"第一学历须为重点大学"的风潮，或许仅仅只是个开始。

日本的留学生政策

曾经有段时期，外国留学生在中国的超国民待遇引起热议。客观来讲，为吸引海外留学生，采取一定的优惠措施是必要的，但这显然应该有个"度"，过度的优待留学生就是对本国学生的不公。正如《人民日报》的酷评："不是自卑，就是自作多情。"

毋庸置疑，异质文化之间的交流与互动始终是人类文明发展的核心推动力，所以无论是过去、现在还是将来，任何国家都想通过招徕国外优秀人才来保持和提升本国的核心竞争力。在我国当前更是如此，但是在如何招徕人才上，不妨借鉴邻国日本的经验。

一

日本自明治维新（1868年）后，为发展近代工业，向西方大量派遣留学生，学习先进的科学技术。短短几十年，日本便一跃成为亚洲强国。而同时，日本迅速成为各国的留学目的地。大量中国、朝鲜等国留学生涌向日本，一直到二战开始，留学生的规模才逐渐减少。二战结束后，日本为恢复重建，再次向美国、英国、西德、印度等地派出不少短期留学生。

1952年4月《日美安全保障条约》正式生效，日本恢复"独立"国家地位。8月，作为对接收过日本留学生、曾经为日本"独立"做出过贡献的国家的回报，日本文部省决定创设外国人奖学金制度，自1953年起向西方提供国费留学生计划名额，以促进国际交流。

1954年，为促进学术文化交流，文部省决定修订国费外国人留学生制度，不仅给来自东南亚、欧美的留学生提供每月2万日元的奖学金，还免除国立大学学费。但到1961年，留学生政策实施7年后，日本政府内部开始有人批评："国费留学生不仅浪费金钱，而且也招致诸国的对日不信任感，国费留学生制度不仅没有达到当初的促进相互交流理解的目的，相反还给日本外交带来了负面影响。"为此，文部省不得不重新修订该政策。

从当时的调查结果看，国费留学生制度主要面临两大问题：一是奖学金额比较低；二是宿舍不便。除此之外，日本政府费尽心机从各国招来的留学生，日本各大学却并不乐意接收，其原因主要是大部分的留学生都想学理工科，而理工科的实验经费等资源当时连日本学生都不够用，所以更不愿意再多接收一个外国人。于是就出现了这样的景象：一方面是日本政府努力在各国招揽留学生；另一方面是招来后文部省官员不得不到处求学校，想方设法把这些留学生安排进去。

为解决这一系列问题，1962年，日本文部省指定了19所大学作为留学生定向接收学校，前提是为这些学校接收留学生的教员提供补贴，给学校增加留学生经费，设立留学生教室、宿舍等。

短短几年时间过去，1967年，据统计，当时在日本的外国留学生已经达到3600名，其中只有767名为国费留学生。1971年4月，为提升日本在东南亚的形象，日本政府决定改变既有的经济援助和技术援助策略，重点支持各国在教育、文化领域的投入和发展，而其中最重要的一环就是改善东南亚各国留日学生的条件。当年11月，佐藤荣作作为日本首相出访东南亚，是战后首位出访东南亚的日本首相，更是在当地掀起了一股留学日本的热潮，东南亚各国赴日的留学人数激增。

随着日本经济进入高度成长期，日本先进的科技、发达的经济等加速了留学生的涌入。但问题也相应而生，从当时的问卷调查可以看出，许多在日留学生都不支持甚至是反对当时的日本政府，其原因主要有：留学生伙食较差、卫生间太脏、没有留学生的图书室、冬天供暖时间较短等。有的留学生甚至表示：自己是抱着亲善交流的目的赴日的，没想到结果是这样，无论如何都不会喜欢上日本。

受此影响，直到1977年，在日本的外国留学生人数基本保持在5500人左右，其中国费留学生有千人左右。

国费留学生不仅有往返机票的补贴，每月还有奖学金、学费的减免，住宿的补贴，而大部分的自费留学生不仅没有奖学金、学费减免，甚至连住宿都不能确保。为改善这一状况，1977年9月文部省决定于下一年度起设立自费留学生奖学金，奖励学习优秀者，同时还通过新建留学生宿舍、减免自费留学生学费等政策吸引国外留学生。

1978年8月，中国实行改革开放，为建设四个现代化，中国政府计划于当年9月开始向日本先后派遣留学生500人，之后持续增加。而由于当时中日之间学制的差异，日本文部省不得不重新修订政策，以方便接收中国留学生。

第二年中国政府又进一步开放，开始允许学生自费前往日本留学，同时日本政府也针对中国留学生设立国费留学生的20个名额。在日本的中国留学生开始进入新的增长期。到1981年，日本的外国留学生已经超过7000人，而针对日本的博士学位极端难以取得的状况，日本文部省向各大学下发通知，希望在学位授予问题上进行改革，改变战前就一直持续的博士学位由文部大臣授予的特权，改由各大学颁发。

二

1982年，日本的外国留学生约有8000人，和同时期法国的12万人相比，连一成都不到。针对留日学生人数远远落后于留学欧美国家人数的状况，1983年9月，中曾根康弘内阁提出"到2000年要接收10万留学生"的计划。

1984年12月，文部省为推进接收10万外国留学生的计划，向政府提出：对接收留学生的公益法人，在捐助时实行免税；对于公益法人为建设留学生会馆而购买土地等行为免除不动产所得税。

1985年日本接收的留学生达到1.5万人，但和同期美国的32万及法国的11万相比，仍然处于相当低的水平。为此，日本总务厅开始对相关设施及教育的改善进行行政监察。当年也是联合国确立的"国际青年年"，日本民社党向政府提议：一、推进青少年的国际交流；二、扩招留学生并改善学位授予制度；三、对外国籍教师门户开放；四、充实面向海外日本人的学习机构，整备归国日本人子女的高中、大学入学体制。

1986年2月1日，外务省新设国际化咨询中心，为各地召开国际会议、讲演以及留学生的接收派遣等提供涉外政策咨询服务。

1988年4月1日，为进一步解决好留学生的住宿等问题，竹下登首相指示通产省要确保留学生拥有良好的宿舍。同年5月25日，自民党还公布了针对留学生的综合对策案，其要旨主要有七个方面。一是要求驻外公馆设置留学咨询服务，提供留学信息；二是禁止持有非法工作签证的外国人赴日，严格审查赴日留学人员的入学、留学条件，明确留学人员保证人的责任和作用；三是推进海外日语教师的派遣、教材的提供和日语能力测试等日语教育事业，整顿国内的日语学校，制定有相应学习目的的教学内容和相应学期标准等；四是在各大学扩充外语授课等特别课程，为留学生增配专业的教员，为接收留学生的私立大学提供相应的费用；五是推动各大学设置专门的留学生宿舍并寻求各企业和公共团体向留学生提供相应的住宿设施；六是在增加国费留学生的同时，减免自费留学生的学费、充实民间奖学金；七是充实留学生赴日后的相应后续援助等。

11月25日，针对日本文科的博士学位极端难拿，对于留学生的接收已产生较大的阻碍，日本文部省再次要求其咨询机关大学审议会召开会议，希望尽早改善状况，让留学生也能获得博士学位。

在日本政府的各种努力下，到1993年，在日本的外国留学生人数顺利增长到5万人左右，之后一直徘徊在这一水平，但到1996年又出现减少的情况。为此，1997年，针对留学生减少的倾向，文部省设置了留学生政策恳谈会，分析当时赴日留学生减少的原因：日语学习困难，不赴日无法取得大学入学考试资格，取得博士学位太难，生活费和学费高昂，兼职难找，无法确保留学生宿舍，各大学、企业、宿舍均要求提供保证人，留学生就职很难，等等。

针对这一系列问题，日本政府又相继出台了一些应对措施。经过几年的努力，到2003年，日本的留学生人数已经超过了12万。

2008年，日本面临着严峻的少子化、老龄化问题，企业人才缺口大，日本高等教育机构生源出现危机。为解决这一系列问题，时任日本首相的福田康夫又进一步提出"2020年接收30万外国留学生"的计划，以期吸引更多海外优秀人才进入日本大学和企业。

三

可以看出，日本一直以来都非常重视通过招收留学生来推动日本的经济发展和扩大日本的国际影响力。不仅如此，日本还将留学生视为国际交流的窗口，国家的形象、政府的形象都会通过留学生展现给世界，所以日本也将留学生作为宣传自己国家形象的最有效手段并加以利用。现在日本很多地方都设有"留学生友好大使"制度，其目的就是通过留学生向其母国推荐日本。

在日本，大学一般是不负责学生住宿的，而如今，经过几十年的发展，大部分大学通过各种手段已经都拥有了专门的留学生宿舍。这为初来乍到的留学生提供了不少便利。要知道，在日本，租房就是租"房"，房间里空荡荡的，一无所有。要置办生活的全部设施及用品，对于刚来日本的外国留学生来说，是个很大的问题。

这些留学生公寓都是面向留学生开放入住的，根据地方的不同，有的只能作为过渡短期入住，有的则可长期入住。大部分的留学生宿舍都有专人负责管理，有的学校自己的设施，学校负责管理；有的利用了当地的公立设施，由政府负责管理。政府公立的宿舍不仅价格低廉、设施齐全，而且由政府出资管理，留学生抵达当天即可入住。

宿舍还普遍配备了公共或独立的厨房，如果担心当地饮食吃不惯、吃不起，只要去超市买食材回来就可以自己做饭。有些留学生宿舍还会替初来乍到的留学生购买个人用的自行车等私人物品。不仅方便、廉价，公立的留学生宿舍还有由政府国际交流课组织召开的各种活动，比如，组织交警来讲解交通法规、消防大队来讲解消防知识，还会根据时令组织召开茶话会、寿司会、年糕会等。当地公立机构的展览会、各种传统艺术展览，都将免费的票送到有意向参加的留学生手中，让留学生在学习之余能够切身体会日本的传统文化。

当然，这些活动都是自愿参与，一切皆以留学生的学习生活为中心。为解决经济困难留学生的生活问题，有些留学生宿舍甚至会出面给留学生介绍各类打工信息。

此外，为解决日本劳动力不足，促进国际化，当地政府还会通过各种各样的形式，促进留学生毕业后在日本就职。

作为一名在日本的外国留学生，上述政策可能会让你觉得被优待。但如果你真这么想的话，那你就错了，因为这显然并非其目的所在。长期以来，日本已经形成了一套有形无形的成熟的包含生活、风俗、习惯等在内的社会体制，凡事皆有规矩。几十年来，日本迎来又送走了一批又一批的留学生，针对留学生的政策也一改再改。但这都只是为了能让身处异国他乡的留学生能尽快融入陌生的生活，更好地将精力投入学习。"出国问禁，入乡随俗"，所谓的"优待"不过是不希望留学生成为日本社会的"异类"而已。

近代日本是如何"制造"博士的?

一

1868年,日本明治维新,在"文明开化"的指导方针之下,日本国内的教育制度改革也轰轰烈烈地展开了。1871年,明治政府废藩置县,在中央设置统一的行政机关,当年7月,统辖全国学校的文部省设立。日本由此开始参照欧美诸国的教育制度,收集相关资料,起草日本的学校教育制度。翌年8月,以太政官布告的形式发布了日本历史上第一个学校教育条例《学制》。依据规定,学校教育由小学、中学、大学三级构成,小学8年制,上等小学、下等小学各4年,8岁入学,15岁毕业。小学毕业后通过选拔考试的则可进入中学,中学为7年制,16岁入学。中学毕业后,优秀者通过选拔进入大学。

为设立各类学校,日本将全国划分为53760个小学区,各设一所小学;每210个小学区为一个中学区,共设256所中学;每32个中学区为一个大学区,设一所大学,全国共设8所大学。《学制》颁布后,因为经费等问题,事实上并未立即实施。1873年3月,随岩仓使节团考察归国的田中不二麻吕就任文部大辅后开始着手《学制》的实施。同年6月,文部省邀请美国人大卫·莫瑞(David Murray)担任顾问,并在其指导下,制定了更加具体的实施细则。

之后在实施细则的指导下,逐步推进小、中、大学的建设。到1875年,几年间文部省就在全国设置了26 000多所小学,在学儿童达到195万,入学率达到35%。而随着学校的增设,在学儿童的增加,培养合格的教师成为当务之急。为此,在学制公布的前夕,文部省便在东京设直属师范学校,邀请美国人斯科特(M. M. Scott)以欧美的教育方法培养教员,并进行"小学教则"、新式教科书等的编纂。

当时,依据《学制》,学校的设立及维持费用均由当地居民负担,但是每个月 50 钱（或 25 钱）的学费，远远超出了当地普通居民的承受能力。虽然各地、各校可以自己来定所交学费额，但是对于一些特别贫困的家庭来说，多少还是难以承受，所以当时许多孩子事实上是免费入学的。因此，很多地方学校的大部分经费不得不依靠财政税收或捐赠。

在大学的设置方面，明治维新后，新政府欲复兴幕府时期直辖的昌平坂学问所及开成所，在《学制》公布前即仿照欧洲的大学筹建日本的大学，但是由于学校内部和、汉学派的对立，筹建计划受挫。当时，在东京除开成所、医学所（一段时期内它们曾被称为大学南校、大学东校，后统一称为东京大学）之外，文部省在各省兴建直辖的高等教育机构尚有长崎医学校、大阪舍密局、庆应义塾、三浅学舍、攻玉塾、东京洋语学校、名古屋洋学校等。这些学校的一部分学科领域，有些甚至能达到和南校、东校比肩的水准。

二

学制颁布后，大学作为教授"高尚诸学"的专门学校，其学科被分为理学、化学、法学、医学、数理学等，大学毕业者依规定被授予学士称号。明治时期的高等教育，外语知识是必须的。所以南校、东校等学科课程基本都是以英语、德语、法语课程为中心的，其中对英语尤为重视。政府在《学制》颁布后，在全国各大学区都设置了公立英语学校。1873 年 11 月，将第一大学区德意志教场、外务省外国语学所及开成学校内的外国语学校合并，成立官立东京外国语学校，翌年还分别在爱知、大阪、广岛、长崎、新潟、宫城等地设立了官立外国语学校。

1876 年（明治九年），随着札幌农学校（现北海道大学）第一批学生迎来毕业，他们成为日本历史上第一批被授予"学士"称号者。1877 年，东京开成学校和东京医学校合并，成立东京大学，由法学部、理学部、文学部、医学部组成。1878 年，东京大学获得学士号学位授予权，按照规定可以授予法学士、理学士、文学士、医学士、制药士五种学位。此时的学士号还被细分为五级，学士以下则设得业士。

为推动教育事业的发展，进一步吸收西洋文化，明治政府还大力鼓励海外留学。据统计，维新后的五年间单赴美国留学者就有 500 多人。1873 年，文部省将留学生分为官费和私费。官费留学生又分为初等和上等，初等为中学毕业者，留学期限5年，每年150人；上等为大学毕业者，留学期限3年，每年30人。所有的留学生均参考本人意愿和官方的希望，修习指定的学科。后来，为进一步选拔、规范海外留学生，文部省还制定了专门的官费留学生规则，严格选拔合格的留学人员。为发展本国的高等教育，日本当时还大力引进外籍教师，1874年，在日的外籍教员就达77名。不仅文部省设外籍学监，东京大学、东京外语学校、各地英语学校均配有十名左右的外籍教员。

1873年7月，从美国归国的森有礼、福泽谕吉、加藤弘之、中村正直、西周、西村茂树、津田真道、箕作秋坪、杉亨二、箕作麟祥等，以富国强兵、培育人才、启发民智为目的，仿照西方"学会"，在日本首次结成"明六社"（当年为明治六年，故称"明六社"）。定于每月1日和16日举行集会，会员包括"定员"10人，此外还有"通信员""名誉员""格外员"等，囊括旧幕府官僚、开成所相关人士、庆应义塾门下弟子等官方和民间人士，甚至还有净土真宗本愿寺派、日本银行、新闻报社、旧士族等领域人士参加。1874年3月起明六社发行机关杂志——《明六杂志》。1875年，由于政府谗谤律、新闻报纸条例等的颁布施行，《明六杂志》发行至第43号被迫停刊。"明六社"转变为"明六会"，由于废刊后，参加者尚有官僚、实业家等，团体逐渐脱离学术转向沙龙化。因此，组织能够代表国家学术机关的新的学术团体的需求应运而生。

三

1879年1月，在文部卿西乡从道的建议下，东京学士会院创立。4月，制定实施《东京学术会院规则》。东京学士会院设立之初，设定员21名，皆由文部大辅田中不二麻吕在咨问加藤弘之、神田孝平、津田真道、中村正直、西周、福泽谕吉、箕作秋坪这七名日本当时最具代表性的学者的基础上选出，并委任福泽谕吉为第一任会长。

东京学士会院优待在学术上做出杰出贡献的学者，寄期望于日本学术的发达，在成立之后做了很多科学启蒙工作。在学士会院第73次会议上，会员提出日本也应当仿照西方颁授"博士"称号（文部省296号太政官布告中，虽将学位称号分为"博士""学士""得业士"，但并未有"博士"称号授予的细则）。

"博士"这一称号，并非日本的原创，在701年制定的《大宝律令》中，规定设大学寮作为官吏养成的最高教育机关，其中设博士一人、助教两名为学生教授明经，还设音博士、书博士、算博士各两人，负责教养课程的教授。除此之外，在阴阳寮还有阴阳博士、历博士、天文博士、漏刻博士；在典乐寮则有医博士、针博士、咒禁博士、按摩博士等。这些人均担负教授学生的职责。因为《大宝律令》本身就是仿照大唐律令制定的，所以这些职位和教育体系毫无疑问也都是仿照大唐设置的。毋庸置疑，这些也并非现代意义上的学位。

此时，日本提出的颁授"博士"称号，也并非严格意义上的学位。围绕"博士"称号由谁来授予，当时的文部大臣森有礼与东京大学总长加藤弘之之间展开了一场激烈的论争。森有礼认为，"大博士"称号等应当由天皇授予。而加藤则认为，这些称号原本应由大学授予，"博士"称号不应该和官员品级对应起来，如今大学已经拥有"学士"称号授予权，而且很多大学也都效仿欧洲，在其上设"博士"，作为与学习密切相关的一环，所以"博士"学位应当由学校来授予。森有礼则反驳，日本的大学与欧洲大学不同，其所需费用均由大藏省支出，类似半个衙门，学位应当由官方来授予。

1886年文部大臣森有礼制定颁布《学校令》，取代原来的《教育令》。当年3—4月，制定实施了《师范学校令》《小学校令》《中学校令》《诸学校通则》及《帝国大学令》。原东京大学合并吸收工部大学校，成为全国唯一的"帝国大学"，由大学院及法科、医科、工科、文科、理科五个分科大学组成。帝国大学最高职位为总长，由天皇任命。《帝国大学令》同时规定，分科大学的毕业生或拥有同等学力者，入大学院考究学术技艺的奥秘，通过规定考试者授予学位。对究竟应该具备何种资格以及如何授予学位，该令并没有详细规定。但在当年的2月4日，作为《帝国大学令》的附属资料的《学位令草案》将学位分为"大博士"和"少博士"，规定大博士由文部大臣或学士会院认定的合适者奏闻文部大臣授予，少博士则由文部大臣认为合适者奏闻，经敕裁后授予。该草案还规定"大博士"称号获得者享受敕任官待遇，"少博士"称号获得者享受奏任官待遇。可以看出该草案并没反映加藤弘之的意见。《帝国大学令》施行后的4月，文部省学务局长折田彦市将修改后的草案交还给帝国大学总长加藤弘之。修改后的《学位令》规定大博士须经咨询帝国大学后，由内阁总理大臣授予，少博士经奏荐后由文部大臣授予。可以看出修改后的《学位令》更加明确地反映出文部大臣森有礼的一贯主张，学位与大学的关系也更加密切。该案在当年12月经帝国大学评议会再次修改后，于翌年的5月公布实施。

四

明治二十年（1887）5月21日，日本制定公布了历史上第一部《学位令》，规定学位分为博士及大博士两等。博士学位分为：法学博士、医学博士、工学博士、文学博士、理学博士五种。要获得博士学位须入大学院，通过规定的考试，经帝国大学总长提议，由文部大臣授予；或具有同等以上的学力，经帝国大学评议会2/3以上通过，由文部大臣授予。大博士学位则由文部大臣提议，经博士会议审议，认为在学问上有特殊贡献者，经内阁会议授予。

《学位令》公布实施后，共四次授予两百多人学位（1888年5月7日进行了第一批博士学位的授予，6月7日授予第二批博士学位，1891年8月24日授予第三批，1898年授予第四批）。

1888年3月，文部大臣森有礼向当时的帝国大学总长渡边洪基指示，从五个学科领域各挑选出5名候补者，拟授予博士学位，请帝国大学立即召开评议会讨论。由于《学位令》规定授予学位者必须在大学院修学满五年，并通过考试，所以森有礼的拟推荐人选其实是按照具有同等学力推荐的。3月19日，帝国大学召开评议会，对拟推荐人选进行了投票。但是由于评议会评议员的学科差异及各候选人的出身、学科背景等差异，森有礼的推荐人选很多都未获通过。对此，森有礼表示了极大的不满。3月26日，帝国大学再次召开评议会，森有礼文部大臣及文部次官等均出席参与。会上，森有礼做了一番热情洋溢的演讲。森有礼强调，根据《学位令》，享有同等以上学力的符合条件者，无论其修学出身为明治维新前还是维新后的何处，只要其在学术上做出公认的成绩即可。森有礼的演讲结束后，评议会再次举行了投票，由此产生了日本历史上第一批博士学位获得者，每学科5人，共计25人。

5月7日下午1点，在文部省举行了盛大的博士学位授予仪式，文学博士有加藤弘之、重野安绎、外山正一、小中村清矩、岛田重礼。

第一批授予结束后，紧接着的5月19日，文部大臣森有礼又向帝国大学总长推荐了第二批人选各领域仍为5人，共计25人。28日，帝国大学召开评议会审议通过，6月7日授予了日本历史上的第二批博士学位。

森有礼之所以这么着急在两个月内授予50名博士，是因为依据《学位令》规定，要授予大博士学位者必须得召开"博士会议"，由出席博士的2/3以上投票通过，才能授予大博士学位。森有礼不过是想急切地选出能够代表国家的在学术上有最大功绩的大博士。6月11日，文部省即急匆匆地组织这50位博士召开了博士会议，讨论大博士人选，但由于学科领域的不同，会议最终也未达成一致意见，之后日本也未再召开过博士会议，历史上也未有能授予大博士者，《学位令》中关于大博士的规定最后只能流于一纸空文。

云冈石窟与日本[①]

云冈石窟是中国代表性的佛教石窟寺院之一，位于 5 世纪时北魏之都城平城（今山西大同）西郊。460 年，在沙门云曜向文成帝的建议下开凿，至孝文帝迁都洛阳的 494 年，开凿了第一至二十窟等大窟。迁都之后，又继续开掘了西边崖面上的小窟。持续半个多世纪的开掘，使得武周川北岸持续一公里多的崖面上布满了大小石窟。云冈石窟是中国最具代表的皇家石窟，但其近代学术史却始于日本学者的"偶然发现"。

一

1902 年 6 月，一个日本人在中国的"发现"引起了全世界的关注。这个日本人就是时任日本东京帝国大学工科副教授，后来享誉东方的著名建筑史学者伊东忠太（1867—1954）。他的发现就是云冈石窟。伊东的这一"发现"，在中国建筑史上是个大事件。伊东认为这不亚于哥伦布发现新大陆。

明治维新后，随着岩仓使节团的欧美考察及"脱亚入欧"的提出，西学在日本如日中天，许多日本人都选择留学欧美。而一直对东方古典文化情有独钟的伊东却选择去中国、印度、土耳其等国考察学习，他希望发掘日本建筑艺术的起源及其与周边国家的关联。1902 年 6 月 17 日，伊东抵达大同。他选择大同是有理由的：大同是北魏拓跋氏的首都，之后为辽、金的西京，他希望能在大同找到留存下来的蛛丝马迹。

伊东忠太到达大同后，拜会了当地知县，了解到大同境内有辽金时期的古寺，而且听说大同西三十里的云冈有石窟寺，有可能是彼时创立的。这一

---

① 本文系作者与张希（中山大学历史系博士在读）合作。

消息迅速点燃了伊东的激情，他马上借阅了《大同县志》，从其中的记载中了解到石窟寺真的有可能是北魏的遗迹。

第二天，天还没亮，伊东忠太就赶到了石窟寺。当他踏进石窟的庙门，他惊奇地发现在一条叫武周川的河畔，旁边是连绵的山丘，其山麓开凿了无数大大小小的石窟，内部也雕刻着大小不同的众多佛像和装饰雕刻纹样，仔细观察，居然全是北魏时代的作品。伊东为自己的这一发现欣喜若狂，又是测量，又是摄影，又是素描，对石窟做了详细的考察。

伊东忠太一直认为日本的建筑起源于中国六朝，六朝建筑模式影响到了日本的飞鸟式（日本飞鸟时代，约公元593—710年）的建筑样式，为此他辛苦搜索数年仍未找到直接证据。"及见云冈石窟佛寺之样式手法，与我飞鸟式完全相同；是多年积痴，俄顷豁然。"云冈佛像的样式与飞鸟时代不仅完全相同，甚至特点更为鲜明。这一发现亦为后来营造学社的研究打下了基础，因此才有了后来林徽因、梁思成、刘敦桢《云冈石窟中所表现的北魏建筑》一文。

回到北京之后，伊东马上撰写了《云冈旅行记》《支那山西云冈石窟寺》两篇文章，将此发现告知全世界。自此之后，赴云冈调查的人络绎不绝，关野贞、常磐大定、小野玄妙、滨田耕作、鸟居龙藏等都曾到访云冈，相应的研究也越来越多。

二

为缓和中国人的反日情绪，进入20世纪20年代后，日本为顺应国际退还庚子赔款的趋势，经与中国政府协商，组建了东方文化事业总委员会。《辛丑条约》签订后，美国利用巨额赔款中的一部分用以资助、培养赴美中国留学生。1911年，还创设了清华学堂（今清华大学的前身）。日本也仿其例，提出实施中日共同的文化事业。1923年，日本公布"对华文化事业特别会计法"，1925年设立东方文化事业总委员会，并在北京设置了人文科学研究所，在上海设置了自然科学研究所。但是，1928年日本第三次出兵山东，东方文化事业总委员会委员长及中方委员全部退出，日本不得已于1929年4月，在东京和京都分别设立东方文化学院。东方文化学院东京研究所从1930年至1935年，以关野贞和竹岛卓一为代表，主要进行了对中国古建筑及陵墓的调查，而京都研究所则以水野清一、长广敏雄为代表，主要对河北、河南的佛教石窟寺院进行调查。

```
                东方文化学院
               (外务省所属1929.4)
                 /        \
        东京研究所(1929.4)  京都研究所(1929.4)
            |                |
        东方文化学院        东方文化学院         德意文化研究所
       (外务省所属,1938.3) (京都大学所属,1938.3) (德国政府所属,1934)
          /    \              |                  |
  东洋文化研究所  东方文化学院   人文科学研究所      西洋文化研究所
 (东京大学所属,1941.11)(兴亚院所属,1941.5)(京都大学所属,1939.8)  (1946)
          \    /              |
        东洋文化研究所       人文科学研究所
       (东京大学所属,1948)  (京都大学所属,1948)
            |                  |
           现在                现在
```

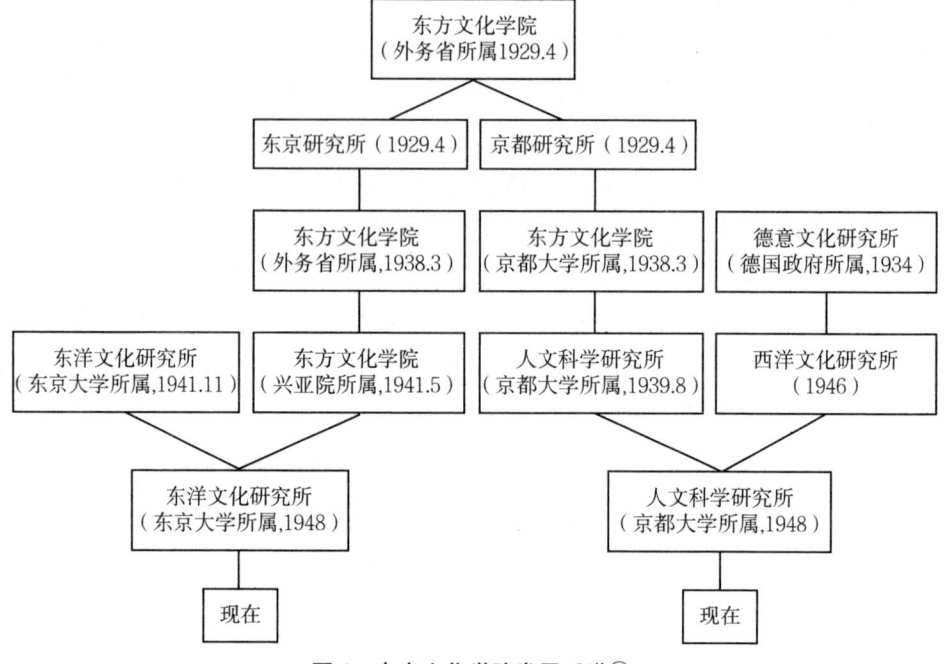

图1 东方文化学院发展系谱①

七七事变后，由于时局的改变及研究方针的不同，东京研究所改为东方文化学院，京都研究所则改为东方文化研究所。改制后，东方文化研究所进行的第一项工作就是对云冈石窟进行全面调查研究。

由于行程匆忙，伊东忠太和关野贞等人的考察十分粗略。所以，东方文化研究院京都研究所试图进行前所未有的全面考察，于是有了水野清一、长广敏雄一行1938—1944年多达7次的全面大规模调查，16卷本《云冈石窟》[（日）水野清一，（日）长广敏雄．雲岡石窟．西暦五世紀における中國北部佛教窟院の考古學的調查報告[M]．京都：京都大學人文科學研究所雲岡刊行會，1951—1956.]这一具有里程碑意义的著作得以问世。

水野清一，1905—1971，生于日本神户市，1924年考入京都帝国大学（今京都大学）文学部史学科，师从日本考古学之父的滨田耕作，专攻东洋考

---

① 图片来源：徐苏斌．日本对中国城市与建筑的研究[M]．北京：中国水利水电出版社，1999：99.

150

古学。1929年作为东亚考古学会第2批留学生赴北京留学。之后一直从事以云冈石窟为代表的中国佛教美术的调查研究。他曾在北京留学，并于1952年以论文《云冈石窟系谱》获得京都大学文学博士学位，为东方史的第二代研究者。后转入丝绸之路考古研究，1969年开始，7次率领京都大学伊朗、阿富汗、巴基斯坦学术调查队进行调查，毕生致力于考古事业。

长广敏雄，1905—1990，美术史学家，专攻东洋美术史，京都大学名誉教授。1929年，他作为东方文化学院京都研究所成员参加了云冈石窟的调查。战后任东方文化研究所（现京都大学人文科学研究所东亚人文情报学研究中心）副教授、教授。1952年以《云冈石窟》16卷（水野清一共著）获得了日本学士院奖、恩赐奖。1962年，以《中国石窟寺研究》获得京都大学文学博士学位。

长达7年的实测非一己之力可以完成。正式考察云冈石窟之前，水野清一带领考察班于1936年9月开始，进行了为期两个月的预备考察。此次成员有东方文化研究所摄影师羽馆易、助手米田太三郎、正在北京留学的小野胜年、北京碑铺帖店拓工徐立信。日本的在华企业支持了此次活动，华北交通株式会社提供了部分经费，后1939年外务省拨出特别研究费，1943年大同碳矿株式会社又支持了部分经费，使实测活动得以顺利进行。云冈石窟调查班耗时七年，动用了庞大的调查队伍和后勤保障队伍，将技术精湛的摄影师、拓工以及专业严谨的研究者集结起来，如此大规模的调查活动，离不开东方文化学院的有力组织。最终形成的考察报告《云冈石窟》16卷，共32本，于1951—1956年陆续出版，内含文字、拓片、实测图、图版以及英译全文，多方面反映了洞窟的实际情形。收录论文涉及云冈所处的历史地理环境、开凿石窟的历史背景、装饰纹样、调查概要、谱系、所展现的佛传雕刻、云冈与龙门样式对比、开凿者昙曜等，范围广泛，为后来的云冈研究奠定了扎实的基础。

东亚考古学会和东方文化学院的考察活动，使得日本对云冈石窟等古建文物的研究得到强化，激励了一大批学者研究云冈石窟等佛教、建筑遗迹的热潮。庆应义塾大学中国学术调查团、华中考古学调查班等青年学术团体也纷纷踏上中国大陆，进行文物考察，云冈石窟便是重要的考察对象。此时期的图像记录十分详尽，不乏具有较高收藏价值的作品。目前若想要清晰地看到一些严重风化的洞窟局部，这些照片成了重要参考。如1921年新海竹太郎、中川忠顺出版的写真集，附有手绘线条描绘标注的洞窟位置图解。游记、日记也是此阶段重要的资料之一。虽然在学术价值上稍有逊色，但当时云冈石窟的保存状况、当时的周边环境、日本学者调查期间的生活状态、实地测量的方法及过程等，均得到了详尽展现。

值得注意的是，由于战时中国文保事业落后，缺乏对云冈石窟的有力保护，日本学者虽一直呼吁要保存石窟，但仍未阻挡部分日本人对文物的狂热搜刮。云冈石窟造像被切割下来，流入日本各博物馆或私人收藏者囊中的不乏其例。

三

战后日本不再占有在中国进行实测调查的便利，开始由实地研究转为对战前各类资料的整理研究，以及在佛教传播视阈下的云冈石窟研究。佛塔形状、莲花纹样、藻井装饰、柱头样式、华盖形式、斗拱构造等，都是这段时期研究的热点。佛教的东渐、南北朝的佛教发展、北魏的灭佛兴佛、佛经的图像表现等，云冈石窟作为这些研究中必不可少的一个环节而受到重视。日本学者对云冈石窟的研究视野更加广阔，审视角度也更加多样。

20世纪后期最引人注目的是中日学者关于云冈分期的一场学术大讨论。宿白、长广敏雄、丁明夷等考古学者，跨越国别，历经多年，从各自角度出发，论证云冈石窟的分期，发表学术论文数篇。这场学术大讨论，刺激中国的云冈研究实现了大跨步进展。近年来，吉村怜、小山满、八木春生、冈村秀典、石松日奈子等学者，利用庞大的石窟图像数据和先进的考古技术分析，对云冈石窟的研究更加专注且深入，与中国学界的交流也更加频繁。尤其是京都大学对战前考古资料的数字化公开工作逐步推进，信息共享更为迅速，国际汉学研究推动下的云冈石窟研究更加具有世界化、现代化的特征。日本以前是云冈石窟研究的重镇，现在将眼光放置在东亚、中亚、丝路佛教考古等大格局中，对云冈石窟研究的视野转换发挥着引领作用。

四

人们都说，云冈石窟是日本学者的"偶然发现"，但纵观日本的佛教艺术研究，云冈石窟其实是其寻找日本佛教艺术之源的必经之路。他们认为，法隆寺、飞鸟大佛的源流在云冈，深深扎根日本文化的大唐文明又从北魏走来。云冈石窟，必定与日本佛教有着深厚的渊源。

另外，当民族意识被唤醒的时代来临，日本学者们苦思冥想，找寻日本文化的根源，而那必定是在中国。在日本侵略扩张的大背景下，对东洋学的建构，对维护东亚文明的"自觉"，刺激了日本学者踏上中国边疆、西域等地进行艰苦地考察。常盘大定在《古賢の跡へ：支那仏蹟蹈查》中曾讲述自己巡礼之行的目的。"一方面，作为研究中国佛教史的学者，未曾在实地进行过调查；另一方面，不管现状如何，中国人不可能永远沉睡。民族不灭，他日必将觉醒。不，现在正在走向觉醒。觉醒后，再回顾自己的文化，会呈现出怎样的状态？民国以来，这千古文明屡遭破坏。尽可能早一年进行有组织地整理研究，并非只是为了中国，也是为了世界的文化。"从中，我们可以体会其看待云冈石窟的复杂心境：云冈，是中国的，塞上的佛教艺术璀璨明珠，却无法得到保护；云冈，是亚洲的，是日本佛教文化的重要源流，需要审视、解读，方能打开日本佛教艺术之谜；云冈，又是世界的，沟通了南北朝，联结了丝路与日本。他们的研究报告和游记、图像等，总是含着钦佩与遗憾、仰望与期许。这种复杂情绪，不仅折射在云冈石窟上，也折射在所有与日本有关的中国文物古迹上。

甲午战前日本对中国的秘密测绘

1912年10月4日，陆军部函报，有日本官兵在良乡县附近测绘，当即派稽查班长前往核查。经查有日本主计官冈村德藏带排长10名、士兵4名，于阳历10月2日由北京至良乡，往南关外聂家店，由东关外塔湾为起点，测绘良乡附近一带地图。①

1913年7月7日，福建省交涉员王寿昌呈报，本年5月18日，有日本人带一中国人，以收买古董为名，在屏南县东十余里测绘。遂派差勇暗自跟随，晚上回城后，县知事当即核查。搜出地图十六纸，纸袋一封，系日本大正二年度外邦规定测图章程。

上述只是进入中华民国后被中国方面查获的两起秘密盗测案例，事实上，日本对中国的秘密盗测起始更早，甚至可以追溯到日本明治维新。

一

明治维新（1868）之后，日本为推行扩张政策，着手近代化的军事制度及组织的整备建设。明治二年（1869）设兵部省。明治四年（1871）又在东京、大阪、镇西（熊本）、东北（仙台）设四镇台，兵力皆来自明治维新时的御亲兵。

地图，作为"军队的眼睛"，是古今中外指挥作战、攻城略地的必备之物，自然也受到日本政府的重视。明治政府甫一成立，便在民部省内设户籍地图股，翌年升为民部省地理司。兵部省也在成立之后于1871年2月设置参

---

① "中央研究院"近代史研究所. 中日关系史料：一般交涉（一）[M]. 台北："中央研究院"近代史研究所，1997：33.

谋局，负责"参谋密划各种机密，编辑地图政志，并且掌管间谍情报等"，另下属设置间谍队，平时主要派遣至各地进行地理侦察和地图的调查编纂。这支间谍队不仅调查收集国内各地的信息，还积极向海外各地推进搜集各地情报，测量制作海外的地图。

1872年，兵部省分为陆军和海军省，间谍队仍保留在陆军省。1874年2月间谍队扩充，分成参谋局下属的第五课（地图）和第六课（测量）。1878年，参谋局从陆军省独立出来，是为参谋本部，下仍设地图课和测量课。

参谋本部自设置以来，到中日甲午战争之前，为对外征战准备制度和机构都进行了很多改变。1888年5月参谋本部颁布了陆地测量部条例，原先作为其中一局的测量局从参谋本部中分离出来，成为直属参谋本部长的独立机构（陆地测量部），主要施行陆地测量，制作和修改可供军用及一般民用的地图。其下设三角、地形、制图三课，此设置一直维持至二战结束。

二

而早在1872年，依照参议西乡隆盛的计划，陆军少佐池上四郎以外务省官员的身份同外务省官员武士正干、彭城中平被派遣到中国东北进行考察。西乡其时执着于"征韩论"，为此，他认为有必要对和朝鲜半岛接壤的中国东北进行地理、风俗、兵备、政治、财政等方面的周密调查。池上四郎在唐通事（古代担任中日间交流的翻译）之家出身的翻译彭城中平的陪同下，假扮为商人，从上海出发，经烟台、天津到达奉天、辽阳、牛庄（营口）等地，进行了一年多的考察，归国后还给西乡献上了一张朝鲜的地图。在其复命书中，池上指出，中国东北政情不稳，兵备松弛，数年之内必致瓦解。池上的复命书成为后来日本出兵朝鲜时判断清朝是否会出兵的一个重要参考。

1874年2月明治政府决定出兵台湾，与此同时，考虑到台湾日后的占领等问题，陆军派出福岛九成、成富清风、吉田清贵、儿玉利国、田中纲常、池田道辉等考察当地的土地形势、港口、登陆地等。这6人中，除田中纲常之外，其余5人均曾受大久保利通之命，于1871年留学中国，一边学习汉语，一边以旅行的名义赴中国各地调查。

1873年12月，陆军参谋局向中国派出美代清元、岛弘毅、长濑兼正、向郁、益满邦介、芳野正常、江田国容、中村义厚8人，在中国进行军事调查和汉语学习。其中，长濑在中国一待就是6年，对当时中国18个省份进行了考察。岛弘毅则进入中国东北进行了为期7个多月的考察，将奉天、吉林、黑龙江三省的政治、地理、气候、兵备等进行考察记录，汇编成两卷本《满洲纪行》。该书在1894年中日甲午战争爆发时改为《满洲地志》，重新出版。

继此之后，1874年4月参谋局第二次派遣陆军大尉大原里贤、马屋原务本、野崎弘毅、少尉相良长裕、石川昌彦、军曹安藤茂牲、三户菴等人赴中国。此次派遣主要收集台湾出兵等相关情报，大原、安藤被安排在福州；石川、野崎在镇江；马屋原、三户则被安排在了香港。出兵台湾后，大原从福州移至汉口，并以此为据点，对湖北、陕西、四川等华中地区的政治、经济、军备等进行调查。而相良则以广东、福州为据点，游历华南各地，长达6年，一直为日本军方秘密提供情报。

1875年，陆军参谋局考虑到未来中日关系的龃龉，仿照国外制度，在公使馆新设武官，派陆军大佐福原和胜驻北京，同时派出陆军中尉古川宣誉和下村修介担任随员。福原从此负责指挥留在中国的岛弘毅、相良、长濑、大原等人，古川则常驻上海，负责收集包括中国在内各国的情报信息。

1878年12月，原先作为陆军省一局的参谋局升格为独立的参谋本部，山县有朋任本部长，成为直属天皇的直辖机构，负责作战计划的制定等。参谋本部下设有管东局、管西局及其他各课。管西局长桂太郎向山县有朋呈书称"方今详考清国朝鲜沿海地志并地图，待有事之日可供参谋之图略，乃目下紧急要务"，明确提出了收集中国及朝鲜沿海地志、地图的建议。桂太郎的建议与山县有朋不谋而合，马上便着手付诸行动。桂太郎为掌握其中详细，还曾亲自微服潜入中国，之后决定以三年为限，在上海、汉口、天津、北京、广州、厦门、牛庄等地分别派人定期进行调查。这些人出发前先进行四个月的准备工作，赴中国第一年主要以语言学习为主，第二年进行两个月的调查，第三年进行四个月的调查，主要以中国的军备调查为主。按照此计划，陆军第一批派遣大原里贤、志水直、伊集院兼雄、相良长裕、岛村干雄等12名陆军大尉、中尉等，统一在公使馆武官的指挥下，对中国进行实地调查。伊集院兼雄后来到盛京省（即辽宁省）调查，完成《盛京省地图》呈交参谋本部。

1880年，陆军继续派遣酒勾景信赴中国，在北京学习汉语之后，赴东北进行了长达4年的军用地志资料的调查。1885年石川洁太被派往北京及其周边地区进行测图和地理调查长达5年。1887年青木宣纯和柴五郎一起到北京，半年绘得北京方圆10里详图。同年，时任日本陆军第二局局长、陆军大佐小川又次在第二次亲自潜入中国进行广泛调查和侦察的基础上,写了《征讨清国策案》,提出了全面的陆海对华作战计划。1889 年小泽得平潜入天津 5 年,绘天津附近数十里详图,同年,木村丑德去山东"旅行"时沿途测绘地图,在甲午战争日军侵占威海卫时发挥了重要作用。

可以看出,这一时期,日本已经形成了从沿海到内地的间谍网络,搜集了大量情报。其中,根津一整理编纂成三大册 2000 多页的《清国通商综览》,为日本军政当局侵华提供了大量第一手资料。而在这些调查的基础之上,陆军文库也相继出版了《亚洲东部坤舆略图》《支那地志》《东亚各港记》《清国陆军纪要》《满洲地志》《蒙古地志》等。

甲午战争爆发后,参谋本部第二部兵要地志班迅速制定了更加详细的测绘计划,将测绘员派往各战地司令部,并以 11 人为一班对占领区展开更加深入、细致的测量。而这些地图也马上就发挥了作用,被大量印发至前线部队。鉴于测绘成效显著,1895 年 2 月,参谋本部又设置临时测图部,下设 5 个测图班,被派往中国。

三

近代以来,由于晚清政府兵备的虚空,给日本以可乘之机,而尝到甜头的日军得寸进尺,源源不断地将测绘员送至东北、东南、京津等地,"揭开了近代日本有计划、大规模专业盗测中国的序幕"。在日本这种大规模的、持续的具有战略预置和战争准备的对中国调查测绘之下,中国对日本可谓几近于"裸奔"。彼此之间之差距,由此可见一斑。

参考文献:

[1] 武向平. 日本陆地测量部盗绘中国兵要地图研究 [J]. 军事历史,2019 (3):1-8.

[2] 许金生. 盗测中国——近代日本在华秘密测量史概述 [J]. 抗日战争研究,2012 (1):45-52.

[3] 小林茂,编. 外邦图——帝国日本的亚细亚地图 [M]. 大阪:中公新书,2011.

［4］广濑顺皓监修. 参谋本部历史草案：第1卷［M］. 东京：ゆまに书房，2001.

［5］藤原彰编. 十五年战争极密资料集30外邦兵要地图整备志［M］. 东京：不二出版，1992.

［6］参谋本部编. 外邦测量沿革史［M］. 东京：不二出版，1979.

附：最忆是京都

一

又到樱花绽放时节，一出门，到处都可以见到盛装赏樱的游人。可是，今年的樱花季于我则格外不同。最近，无论到学校、御所（皇宫）、还是相国寺，所到之处都留下了一长串的不舍。在京都生活六年之后，终于到了要说再见的时候。京都，我似乎刚刚熟悉，就又要分别了。

还记得刚来京都的第一个清晨，站在二条城旁边的一家小旅馆门前，用一双充满新奇的眼睛打量着这座刚刚从睡梦中苏醒的城市：干干净净的街道，配着低矮的看起来古旧的小建筑，让人有一种恍如隔世的感觉，就像是穿越了历史。

公元794年，桓武天皇几经周折，终于将都城一步步迁至京都。自此一直到1868年明治维新，京都作为日本的中心并无大的变化。一千多年以来，日本经历过无数次的地震、火灾等自然灾害，也经历过无数次的战争，但是京都也许是得益于皇家庇佑，并未受到太大影响。绵延千年的岁月里，沉淀下来的都是历史的精华。

这几年以来，我骑着自行车穿梭在京都的每一个角落，那些曾经只是在书上读到的地点和建筑，在不经意间就会出现在眼前。随便去查阅一下其历史在百年以上，甚至是千年都是司空见惯。正如我给刚来京都的朋友介绍的：如果懂点日本历史，或许可以在京都找到所有你曾经学到的那些日本历史"知识点"；如果不懂日本历史，那你也可以从京都的每一个角落学到你想学的日本 历史知识。京都就是这样一座古老的充满历史感的城市。

二

京都在我的脑海里充满魅力。"枯淡""洗练""风雅""高贵""纤细",无论拿出哪个词来形容京都,都觉得不够完美。在我的印象里,京都就是一种文化,代表了日本最传统的美。曾经记得汤重南先生讲日本文化的时候,说日本文化就是一种洋葱头的文化,剥开一层又一层,但是里面却没有核。其实我觉得,这句话也不完全对,日本文化的确如洋葱头,可是我觉得它的核应该在京都。所有的日本文化都可以在京都找到,而所有在京都体现的文化都可以成为日本文化的代表。我一直都在憧憬着这座在二战的炮火中被特别保存下来的古城,我期待着在这座古城中体验日本最传统的美。

虽然憧憬,可是骑着自行车穿梭在京都的小巷,这件事我从前是想都不会去想的。如今我却的的确确地将这一憧憬变成了现实。几年前,我骑着自行车在上海浦东逛游了一段时间,如果说在上海体验的是中国腾飞的速度的话,而今我在京都体验的则是一种穿越历史的传统之美。上海的马路平坦宽敞,我有多大的能耐,自行车就有多快的速度,同时也可以领略中国的现代化水平;京都却不同,马路鲜有宽敞而平坦的。悠然自得的自行车,加上两边时不时出现的古寺、神社,时刻都在提醒游人:这是一座拥有千年历史的古城,需要用心去感受,用心去体验。无论是哪个寺庙、哪个神社,都穿越了数百上千年的历史,甚至是街道两旁的店铺也都有不俗的历史。漫步在御苑的碎石子上,参天的古树好像正在见证着每个时刻,在未来的某天,我也将成为历史,古树却记录了我的足迹。二条城巨大的石头基座每次看到我都有点感动,历史于我是如此接近,就仿佛自己回到了400年前。其实穿梭于京都的小巷,很多时候都会有这样的感觉。

京都不似我想象中的现代都市,没有高楼大厦,也没有人来人往的熙攘,矮矮的房子,窄窄的道路,如果没有清楚地标记马路名字的话,很难分辨所处的位置。每一条小巷都是如此的相似。因为距离御苑不远,所以不论我走出去多远,返回的途中,我总是将目的地选在御苑,这样,不至于迷路。

穿梭于京都的小巷,感觉自己就身在历史中,时刻都在触摸着历史,历史于我不再是历史。

三

来京都之前，我对于京都的美全部都定格在了古老的历史，想象着其在几千年岁月长河中所留下的每一点印记。于是，刚抵达京都之时，我每天都骑着自行车穿梭在京都的小巷中，试图去追寻历史带来的每一点感动。

当有一天终于失去了耐心，不再执着于寻找每一所寺庙和神社时，漫步于比叡山脚下的河边，我忽然发现京都的美不只在于其古老的历史。京都的山水之美绝不亚于京都的历史美。

比叡山位于京都北边，跨京都和滋贺。山的海拔虽然只有800多米，但凭借着延历寺的名声和俯瞰京都、大阪、大津、山科以及琵琶湖的绝佳地理优势，造就了其历史和自然的双重之美。幸运的是，来京都之后不久，就有幸住在了比叡山脚下。记得第一次去看房的时候，时值深秋，山上秋意正浓，拉开窗帘，一整座山都暴露在自己的眼前，漫山的红叶美得让人无法呼吸。于是我毫不犹豫地把家安在了山脚。

记得在国内待的时候，曾经有过夜晚躺在草地上看星星的冲动。虽然雾霾不给星星露脸的机会，但这想法却一直没有放弃过。很奢侈的是，在京都这个想法却变成了现实。而且不需要躺在草地上，每天晚上，当我上床准备睡觉时，往床上一躺，透过窗户，整个星空便映入眼帘。黑漆漆的比叡山像巨人一样耸立在蓝色的星空下。从漫山的红叶到银装素裹，从山樱烂漫再到绿色的海洋：京都的四季被比叡山表现得淋漓尽致。

距离家门不远处是一条小河，在比叡山脚的修学院离宫附近汇聚成了高野川，高野川继续前进在出町柳和贺茂川汇聚成鸭川。我开始感受到这几条河的美也是从搬入新家的秋天开始。

因为学校和工作的缘故，这几条河也成了每天的必经之路。于是每天晚上，当我披着浓浓的夜色赶回家的时候，都会为京都的夜景陶醉。行走在河边，可以清晰地看到水中倒映的摇曳的灯火。最让人留恋的还是春天樱花灿烂的时节，河边灿烂绽放的垂樱（鸭川）还有那条用樱花做成的"桜のトンネル"（沿高野川道路被两旁樱花覆盖而形成的樱花隧道）。有很多人为了欣赏这条道路，特意来寻访，而我不必特意，每天都得踏着这条樱花道往返于学校和家。心情好的夜晚，有时候甚至觉得自己真是太奢侈了。樱花飘落的时节，道路上铺着一层雪白的樱花瓣，汽车驶过，卷起一层樱花浪。跟在后面的我有时都不舍得踩下去。

凡是来过日本的人，都会说"日本有很多很不错的地方，而唯独京都是值得多待的地方"。于是来日本之前，想游遍日本各地的想法，随着在京都待的时间越长，也渐渐没了。论历史，不用说，京都是当之无愧的"千年の都（千年古都）"，论自然风景，京都的山水也不比任何其他地方差。有人说，京都就是个小乡村。我觉得正因为是小乡村，才处处透露着宁静的历史厚重感，也正因为是小乡村，才没有了大都市的喧嚣。那山、那水才能保持独特的恬静与闲适。

四

已经不记得从什么时候起，我的脑海里就刻上了"金阁寺"这几个字，也不记得看了多少关于金阁寺的历史。在我的脑海里，它就是足利将军的向往，是北山的象征，是京都的一个标志，它就像个梦。

在"受付"处买了票之后，我跟着人群，进入了"境内"。当我还沉浸在想象中时，一个直角转弯，金阁寺便突然全部暴露在眼前。尽管已经看了很多金阁的图片，尽管它已经在脑海里浮现了很多次，可是这么突然的一现，还是让我的心突然一震。它并非在山顶上，而是矗立在并不大的镜湖池面上，耀眼的金色非常夺目，一层为雅致的"寝殿"构造，二层采用的则是武家构筑，三层则明显透出禅宗的中国风格。整个建筑透着丝丝禅意，湖面微波荡漾，金阁倒映在湖面上，闪闪发光，与湖上金阁相映成趣。湖边上游人如织，几乎每个人都在拿着相机记录着眼前这令人叹为观止的建筑。

"金阁寺"之由来，正是由于用来包裹整个建筑的金箔。提到金箔就不能不让人想到那个金碧辉煌的年代。足利义满是室町幕府的第三代将军，我认为，无论是镰仓幕府还是室町幕府，整个中世时期，他可以算得上是最有才能之人，也只有他才有能力营造这样金碧辉煌的金阁寺。但因为足利义满后来遣使明朝，奉明正朔，称臣纳贡，所以其实在日本算得上是一个饱受争议之人。无论后人如何评价，我觉得营造金阁却非他则不能为。1392年，他结束了日本长达几十年的南北朝时期，迎来了日本国内以及室町幕府的繁荣和稳定。两年后他就将将军之位让给儿子，自己出家做了和尚。虽然出家，但他仍然掌握着幕府的实权,而且被任命为太政大臣,能够同时掌握公、武两家政权,这在历史上是十分罕见的。也正是在这样的背景下,金阁寺才能被建立起来。金阁寺金光灿灿,是中世极乐世界的象征。这种对于极乐世界的追求,一直持续到室町末,在丰臣秀吉时期再度迎来辉煌。在千利休倡导的孤寂、闲淡之茶风时,开始慢慢得到改变,也许也正因为利休的主张和丰臣之间的巨大差异,才给自己招来了杀身之祸。

历史已经定格在了过去,从迈进金阁寺的那一刻起,我的思路便总是跟着这位足利将军,在那个年代,正是因为将军的赴明使节,有了和大明王朝的往来,才奠定了足利幕府稳定繁荣的基础,北山华丽的文化才得以形成,日本历史才多了一段灿烂。但历史不存在假设,只需要还原一个真实。

多少繁华如流水,将军去世后没过多少年,战国的烟尘便笼罩了日本。十一年的应仁之乱,战火几乎烧尽了京都几百年的文明,金阁寺却依然矗立在镜湖的池面之上。金阁寺可以说见证了日本中世以后的所有历史,见证了近代以来日本军国主义的甚嚣尘上,它应该也聆听到了日本和平的声音,却被毁在了和平的年代。小和尚的一把火,可以说烧掉了将军的梦想,也烧掉了人类的向往。如今金阁寺依旧矗立在眼前,而极乐世界是否仍是人类所憧憬的呢?我不敢肯定。

金阁就是一场梦,将军的一场梦,或许它也是所有人的梦。

五

在研究室和宿舍里猫了几天,终于决定出去放放风。每天都重复同样的生活,感觉自己都快变成宠物了。其实自己好像还不如宠物,因为脑袋必须得动,姑且不论结果,但确实一直在思考。

原计划去一下岚山,情况有变,临时决定去银阁寺。自从"日本"进入了我的脑海,金阁寺和银阁寺就成了向往。好像提到京都,除了后来的"五山",就只剩下了金阁寺和银阁寺。金阁寺在刚来的没有几天就去了,剩下的就是银阁寺了。

从宿舍出发,骑自行车,沿着今出川笔直过桥,穿过京都大学,首先看到的就是吉田神社。这马上让人联想到吉田兼俱,正是由于他,吉田神道才赢得了神道界的尊崇。本来很想进去参观一下这赫赫有名的吉田神社的,可惜在山门的鸟居前环视了好久，就是没有找到合适的停放自行车的地方，只能直行，继续向银阁寺前进。

　　过了吉田神社后，一直是上山，坡度虽然不大，但是明显感觉到骑车很吃力，两旁的行人越来越多。在一个路口忽然看到了银阁寺就在前面不远处的标志。我在脑海里开始想象曾经于我那么遥远的银阁寺，有点担心，又有点紧张。担心就像第一次去看金阁寺那样，突然的一转弯就全部暴露在我的眼前。我的紧张源于不知道它会和我的想象有多大距离。越往前走坡就越陡，忽然惊讶地看到了路边的一些人力车，没有想到在日本也有这样的"车"，更惊讶的是车夫当中居然有一些年轻的女性。日本的人力向来是比较贵的，想必这"车"价格也不菲吧。记得在绍兴的时候，曾经坐过这样的车，当时因为是晚上，自己又非常累，就想"不然就坐一下吧"，其实内心是非常受折磨的——像我这么年轻的人坐在上面，让一个年长的人给我拉车。记得当时我将内心的纠结直接讲给了那位车夫，他却告诉我说，所有的人要是都像我这样想的话，他们就没饭吃了。这句话让我印象很深刻，回味了很久。

　　就在我还在想的时候，前面一块指示牌一下子将我吸引了过去。上面清清楚楚地显示这里居然是"哲学小道"。没有想到西田的小路，居然就在银阁寺的前面。狭长的小道，就沿着琵琶湖的引水渠，一直向前延伸。两旁郁郁葱葱的树木、潺潺的流水，见证了百年来在这里散过步的所有的人，却唯独记住了西田这个大哲学家的名字。如今，这条小路上每天仍然是人来人往，甚至超过了百年前，百年后，又有多少人能被记住呢？我也很想每天坚持在这里散散步，可是脑海里也同时蹦出了"东施效颦"这个词。难道我非得在这里散步吗？

　　继续沿着坡上去，两边都是商铺，各种各样的都有，都是些精巧之物，对我来说，没有一点吸引力。在商铺的尽头终于看到了"东山慈照寺"几个字，没有想象的那么恢宏壮观，但也没有让我失望。进去后是一条绿色的长廊，走进去后，在长廊拐角处的是售票处。买了票，随着游人走进去后，就可以看到将白砂耙梳成波浪形的象征湖海的地面。刚打算拍照，前面更大的一个景观呈现在眼前，这就是有名的银沙滩，旁边是向月台。一路都跟着游人前进，居然没有发现银阁寺就在身边。直到爬到山上，向下俯视，才发现银阁寺居然尽在眼底。拍了几张照片后，我赶紧下山，重新走到银阁寺周围，很努力地想从中看出东山文化的奥秘，可惜自己的积累还不够。但是从这些保存完好的建筑上，我还是能想象到在战国烽烟中，足利将军所尊崇的禅和所追求的那种枯淡与恬静。

银阁寺没有金阁寺的辉煌与夺目，暗淡的颜色中处处透着禅意。从三代义满的金阁到八代义政的银阁，从金碧辉煌到暗淡失色，从追求外表的奢华到追求内心的恬静，都伴随着政治权力的兴衰。正是因为在室町时代同时具备了这两种完全不同的文化现象，才使得中世充满魅力，京都的文化才能更加绚烂。

正如我在参观完金阁寺之后，想象银阁寺一样，从银阁寺出来，再次回想金阁寺，忽然觉得不论对金阁寺还是银阁寺都有了更新的认识。

六

吃过中午饭后，决定和两个朋友骑自行车去逛京都，目标为京都大学。这所建于19世纪末的大学，在过去的一个世纪里，为日本培养了大量人才，在世界上也赢得了相当高的声誉。在人文科学领域，东洋学几乎成了京都大学的一张名片。享誉世界的京都学派更是成了人文科学的一个奇迹，提到京都大学，就会让人想到京都学派。当我刚开始了解日本的时候，就了解到京都大学的威望，对此一直充满了无限的憧憬与向往。今天是来京都后的第一次出行，我将目标选在了京都大学。

出发之前，我在地图上查好路线，一路顺便熟悉一下京都的神社和寺院。按照地图，从御苑出发，往南没有走多久，马上往北，渡过鸭川，继续前行，不久就该到了。没有想到，我一路向北走了好久，居然没有找到，于是打开地图，又找了好久都没有找到所在的位置。没有办法，我只好求助于路人，结果好不容易"逮"了个人一问，她也不是很熟悉。按照前进的速度和时间，我估计应该是走过了，无奈只好穿过马路到另一条道路上掉头往回骑，没过多久就看到了一家二手书店。进去逛了一会儿，书很好，价格还是很贵。但是凭直觉，我感到好像距离京大不是很远了。于是我继续前行，忽然看到了京都大学农学部的门，高兴地直接就冲了进去。越往里面走感觉越失望，号称日本第二的京都大学不过如此嘛，不仅我在感慨，同行的几位都在感慨。这哪像个大学哦！还比不上国内随便一所大学。来日本两周以来，日本一尘不染的干净也第一次被颠覆了。

大概是因为在建设吧，树叶、垃圾到处都是，自行车横七竖八地停在路边，这和我想象的京都大学差得太远。从农学部出来后，马上就看到了理学部、综合人文研究科等，依旧是灰尘、树叶遍地，自行车东倒西歪。几位同学和我都带了相机出来，本来还想多拍几张照片的，看到这样的光景，连拍照的兴趣都提不起来了。因为自己是学文学的，京大最有名的人文学也在文学部文学研究科，所以我继续前行，想看看传说中的文学科研究楼。在一个路口，不经意地往左一拐，出现了一座大楼。距离老远的时候，我就看到了那几个字——"京都大学文学研究科"。抬起头，看看这座神奇的向往了多少年的大楼，原来就是这样而已。朋友直呼："太寒酸了吧！这就是你所憧憬的文学研究科啊！"我点点头，忽然想到了前几天妈妈桑（宿舍管理员）讲的："同志社大学是贵族大学，连吃的都很贵，京大不同，京大连吃的都很便宜的。"

想起几年前，去国内北京大学、清华大学游玩时的场景，甚至觉得，京大无论哪一处的风景都比不上北大或清华。可就是这么寒酸的京大，却创造了日本科学领域一个又一个的顶峰。日本几位诺贝尔奖得主都出自这里。尽管心里很是不平，可是时下，无论在世界的哪个角落提到京大，人们都会为其竖起大拇指。京大穷了风景，可富了内涵。前几天听一位教授讲，京大的教授研究室条件非常好，京大图书馆也是顶级的。其貌虽不扬，但其实质可是无论如何都不能不让人佩服的。这恰好和我们国内的很多大学形成了鲜明的对比。记得那次在北大游玩的时候，一位女士和我交流说，北大现在几乎成了公园。我当时不无自豪地告诉她说："北大是国内学人的最高目标，大家去北大也许并不是图它的风景。"而今，与之相比，京大可以说是叫人想图点风景都没有办法。京大留给人的全部都是内在的东西，那是一个民族的精神。

从文学研究科继续前进就是京大的图书馆，除了前面摆放的成片的自行车外，再也找不出什么特别的了，和其他的大楼相比，并无两样。从图书馆往前走，就到了京大的正校门，没有宏大的气势，也没有绚丽的设计，如果不是"京都大学"几个字的话，你绝对不会相信这就是京都大学的正校门。也许这正是我们国内大学所缺乏的"低调"吧！

七

岩仓位于京都市上高野西北，属于左京区管辖。岩仓四周环山，是一座天然的城池。岩仓历史悠久，相传桓武天皇迁都（794）平安京时，要求京城东南西北四方之山均奉纳大乘经,以镇护王城,此举称为"岩仓"。以北的岩仓成了该地的地名,这就是岩仓地名之由来。因此,历史上也将此地名标记为岩藏、石藏、石座,日语均读作"iwakura"。

岩仓在日本古典文学中曾被称之为"小野故里",这是因为曾经作为日本大使出使隋朝的著名使节小野妹子之子曾在此生活过。其后,以王朝时代著名歌人藤原公任为首,很多贵族曾在此地营建山庄。著名的《源氏物语》作者紫式部幼年之际,曾经多次来此地山庄拜访其曾祖父藤原文范,这种经历后来在该书中也有体现。

岩仓青山绿水,空气清新,作为修身养性之地,自古受到皇族、贵族的重视。永观三年(985)冷泉天皇皇后昌子内亲王在岩仓大云寺建立了观音院,疗养病体。文明十三年(1481)冬,足利将军义政也在岩仓长谷闲居疗养。

岩仓得益于其悠久的历史,古迹自然也有很多。实相院位于岩仓西北,紫云山脚下,以岩仓山为号,原属天台宗寺门派门迹寺院(皇族子弟为住持的特定寺院)。实相院由鹰司兼基之子静基僧正创建于镰仓初期宽喜元年(1229)。院内客殿、御车寄、四脚门等皆由东山天皇中宫承秋门院(1720)下赐移建。院内各室隔扇上保存了多幅近世著名的狩野画派的真迹。

大云寺位于实相院北,天禄二年(971)日野中纳言为真觉上人开山,以金色等身的十一面观音为本尊创建天台宗别院。境内以西现存一井,名"观音水"。因后昌子内亲王曾饮井水而病体康复,被视为灵水。大云寺四面石佛相传建于镰仓时期,寺内东有昌子内亲王陵。紧挨着陵园就是石座神社(岩仓神社)。本殿供有八所明神和十二所明神,社殿勾栏镶有天正十二年(1592)的拟宝珠,社前四角形的石灯笼上刻有庆长十九年(1614)的铭文。

岩仓神社向南500米,有山住神社。境内无社殿,以一块巨大的自然石为神体,体现出日本古代祭祀的形态。实相院往南不远,有岩仓具视旧宅。岩仓具视为明治维新的元勋,维新五贤之一。岩仓具视于文久二年(1862)辞官,在西贺茂灵源寺剃度,此后隐居岩仓五年。他虽蛰居,却无忘国事,与诸藩志士相交甚密,纵论天下,成了大政奉还之前的方策策源地。其旧宅由两栋平房构成。府邸前老松据传为岩仓具视之遗爱。宅内一隅设有对岳文库,展有木户孝允、坂本龙马、三条实美等明治著名人士之遗墨、遗物。

除此之外,岩仓还有心光院、长源寺、圣护院长谷殿旧址、小仓山城址、三面石仏等,一路访来,满是收获。

八

进入一月份,就迎来了京都的雪季,京都的雪率性、肆意,不似古都应有的风格。在雪季也不是任何地方都能见到雪,沿着京都市区主干道往北,经过北山通、宝池通后到达岩仓,那里才真正可以称为京都的"雪国"。

岩仓的雪季从一月开始一直持续到三月初。岩仓距离京都市区仅仅有几公里的路程,但对于雪的感受却和市区截然不同。那天,我因为有事要去一趟二条城附近。从岩仓出发时,屋外鹅毛般的大雪伴着呼呼的风扑面而来,甚至都辨不清东南西北。经过宝池通时,雪已经小了很多,我站在宝池隧道旁的高处,回过头,岩仓仍然笼罩在茫茫的飞雪中。从宝池继续往南,到达北山时,雪已经变成了蒙蒙细雨,继续前进到北大路通时,隐约已经能看到阳光就在前方。当我驻足在御所附近沐浴阳光时,忽然感觉自己就像从冬天一下子过渡到了春天。回头向北望去,远山笼罩在一片白色茫茫之中,那里大概还是漫天飞雪吧。京都从北到南,区区几公里的路程居然是这么的不可思议。办完事后,我原路返回。沿途仍然是从灿烂的阳光,到细雨,到小雪,到达岩仓时,果然还是风雪迷漫。

岩仓的雪性子很慢,有时能连续下上几天几夜,直到青山全部被茫茫的白雪覆盖。但阳光总是不会让雪多做任何停留,不管下多久的雪,阳光一返照,青山马上就恢复了本来的颜色。岩仓的雪有时也很率性,窗外明明是灿烂的阳光,可雪却无丝毫顾忌,在阳光下肆意飞舞。那天,从同志社返回的路上,明明是艳阳高照,可是空中却忽然舞起雪片,我起初还没在意,可是没过多久,就发现自己已经完全变成了一个雪人,以至于路边刚刚放学的小朋友,看着没有打伞的我,直接喊道"大丈夫ですか?"。我笑着停下脚步,再看看自己,后悔没带个相机,把自己的模样拍成照片保存下来。我想自己要是就那样一直伫立在雪中,估计用不了多久,就会变成一个真正的雪人吧。

岩仓的海拔其实并不是很高,气候也和中国的南方差不多。可是雪却比中国南方要频繁得多,甚至都多于我北方家乡的雪。其中原因大概不外于岩仓原始的自然环境吧。岩仓四面环山,山上松林茂密,四季常青。山间清溪潺潺,日夜不停。岩仓左前方的比叡山巍然耸立,进入雪季后,经常可以看到山"顶"着白色的"帽子"。岩仓得益于其原始的优美自然风景,自古就是日本皇室贵族的疗养胜地，古韵悠长。下雪时节，踩着细雪在岩仓寻古，也别有一番味道。实相院、妙满寺都是古来皇家贵族的修身之地，深入其中，可以切身感受到庭前院内跨越千年的雪韵。

岩仓之雪得益于其得天独厚的自然和跨越千年的悠久历史，成为冬季最具魅力的景致，赏雪也成了每年一月到三月的必备"功课"。

九

岚山，无论是对于日本还是中国，其实远不止是一座山、一处风景，它还是一种记忆、一种情怀。正如渡月桥一样，它不仅沟通了桂川两岸，还"连接"着中国和日本，见证了中日之间的友好往来历史。

我已经完全不记得从什么时候起，周恩来总理的《雨中岚山》总是出现在我的记忆里。但只要有人说到京都、提及岚山，我的脑海中总会不自觉地想起这首诗。来日几年，虽然一直无缘到访，但总觉得只要人还在京都，岚山无论从地理上还是心理上，与我的距离总归是越来越近了。

上个周日，造访岚山的机会不期而至……

我从居住的出町柳车站附近上车，买了一张京都巴士一日券，在丸太町登上了直达岚山的巴士。尽管是周日，巴士上人其实并不多，稀稀落落地坐着几位乘客。我找个靠前的座位坐下后，就开始盯着巴士前方的显示前进路线的电子屏幕，虽然来京都已经几年，但是岚山于我有多远，我其实一点底都没有。

车一直晃晃悠悠地穿行在京都特色的小巷子里，两旁都是千篇一律的低矮的房屋、小商店，偶尔也会有一座不知名的小神社或寺院一闪而过。走了至少有40分钟，我都已经快要进入迷糊状态时，眼前忽然一亮：巴士终于穿出了小巷。在一条大道的一侧，一条感觉比鸭川河面更宽的河流翻着不大的波涛流淌向前，就在我还在脑海里检索这条河的名字时，巴士前方却闪现出一座桥，我的心瞬间一震，那不就是早已经深深刻入脑海里的岚山的渡月桥吗？那条河不用说就是桂川了！我赶紧收拾，就在这一站下了车。

与巴士上稀稀落落的客人相比，这里显然是另外一个世界。桂川两岸、马路边上、稍微远一点的渡月桥上，游人如织，熙熙攘攘。我在路边的游览地图上，一眼就找出了《雨中岚山》诗碑的方位，迫不及待地顺着路边的指引而去。

对岸，层峦耸翠，直指云端；近处，绿水如带，蜿蜒而出。经过渡月桥后，是一处拦截形成的湖，一些只能容纳两三人的小船载着几分恬静、几分欢笑在湖面上悠悠飘荡。100多年前，这里纵然有这样的条件，经过此处的周恩来恐怕也无这份闲适吧。

路边，行人渐多，经过处，单听话语就能分辨出有很多来自中国的游客。我默默地想，《雨中岚山》诗碑应该不太远了。

在一个拐角处拾级而上，没几分钟，一处开阔地豁然呈现在眼前，远远的我就看到了刻在记忆中的那块诗碑。

诗碑立在半山腰上，由基座和本体两部分组成。基座由很多未经丝毫打磨的大石头砌成，而石头与石头之间似乎也未使用黏合材料。诗碑本体也是未经打磨的一整块赭石色鞍马石，正面镌刻着《雨中岚山》，背面是诗碑发起人名单。整个诗碑的外观及结构，没有一般意义上的纪念碑的高大华美，也没有考究的雕刻工艺，没有对称悦目的立体几何图形。诗碑虽然朴实无华，但是想必到访此处的人无一不感到一种伟大深含其中，就像诗的作者，虽平易近人却让亿万人敬仰。

几乎就在我出现的同时，一位日本老爷子堆着满脸笑容递过来一张A4纸大小的介绍，热情地跟我介绍起了诗碑的故事及他心目中的周恩来。让我感到吃惊的是，他的介绍全部是用发音并不太标准的中文，那张纸上写的也是非常工整的中文汉字。从他的介绍中我得知他来自京都南面的伏见，特别喜爱周恩来总理，退休之后，开始每天往返于家与岚山之间，跟着来岚山观光的中国游客，一个字一个字、一个发音一个发音地学习中文，同时也为游客做义务的讲解与引导。此时我才注意到诗碑的一侧放着一本日本出版的关于周恩来与日本相关的一些事迹的画册，旁边的另外一张纸上还用简体中文介绍了战后美、苏欲分割日本，是周恩来总理的大义才使日本得以保全的事迹。

过去的一切如今都已成为历史，如何去发掘、讲述这段中日间的历史，一直都是我思考的问题。老爷子的中文并不流畅，有些我甚至听不出来是哪个字，但他的语调中饱含着满腔的崇敬与友好。在他滔滔的讲解中，我仿佛又回到了那一天。

1919年4月5日，京都，阴沉的天空，稀稀疏疏落下的雨滴，洋洋洒洒地落在刚刚绽放的樱花上，敲打着一个人的心。此时的周恩来，自南开中学毕业后东渡日本已经近两年，由于日语能力有限，投考东京一高及东京高等师范学校均告失败，不得不继续奔走于东亚高等预备学校（日华同人共立东亚高等预备学校）、东京神田去高等预备学校、（法政大学附属学校）、明治大学政治经济科（旧政学部、现政治经济学部）等。

刚刚过去的1918年，日本为应对新生的苏联的威胁，威逼北京的段祺瑞政府签署了《中日共同防敌军事协定》，面对帝国日本的昭昭野心，日本国内留日学生同仇敌忾，掀起了一场排日归国的反对运动。周恩来也非常积极参加了归国活动。但是，回国后，看到满目疮痍的祖国，他不得已再次选择了返回日本。当时致力于日本马克思主义宣传和普及的河上肇刚刚从欧洲获得博士学位回国，任京都大学经济学部教授，周恩来为其马克思主义经济学观点所倾倒，曾客居京都半年之久。据说期间也曾以选科生（旁听生）的身份听其讲义，深受影响。

就在1919年年初，当周恩来听说母校南开学校新设大学部的消息时，下定决心归国。在去往神户的归国途中，他决定再次停靠京都，第二次游览岚山。

在过去的近两年时光里，他几次往返于中国和日本，往返于东京和京都，四处求学。但是风雨如晦，正如眼前灰暗的天空笼罩下的大地一样，过去的这两年中，他在这个充满黑暗的世界四处求索，却又处处碰壁，没有寻得一丝的光亮。而此次，在失落的雨中，当他再次来到岚山时，只见：

> 两岸苍松，夹着几株樱
> 到尽处，突见一山高
> 流出泉水绿如许，绕石照人。
> 潇潇雨，雾蒙浓；
> 一线阳光穿云出，
> 愈见娇妍。
> 人间的万象真理，
> 愈来愈模糊；
> 模糊中偶然见着一点光明，
> 真愈觉姣妍。

此时的岚山，春雨潇潇，笼罩在一片朦胧的薄雾之中。突然，一丝阳光穿云而出，在阴暗的大地上投射出一片光明。这难道不正是过去几年中一直苦苦追索的光明吗？

游览岚山之后，归国的周恩来顺利入读南开大学文学部，而此后未几，划时代的五四运动就爆发了。周恩来作为学生运动的领袖开始崭露头角，中国就此迈出了近代史上的一大步，迎来了一个崭新的时代。

五十多年之后的20世纪70年代末，中日两国缔结和平友好协定，日本的有识之士、部分日中友好团体开始发起筹建周恩来诗碑的倡议，以纪念他为日中友好事业呕心沥血的伟绩。

1978年9月，日本国际贸易促进协会京都总局、京都日中科学、技术者交流会等团体先后通过了赞成设立诗碑的提案。10月27日，邓小平、廖承志赴京都之际，受时任日本国际贸易促进协会京都总局会长的吉村孙三郎的请求，廖承志答应为此碑撰写碑文。

1979年1月，以京都的日中友好团体为中心，共同组建了诗碑建立委员会，经过两次会议，于当年3月16日，在京都岚山举行了奠基仪式。4月16日，诗碑建成，邓颖超女士赴日，出席了诗碑的落成揭幕仪式。

于是，曾经的一次驻足就此被定格为永恒，就像我的这次到访一样，我相信也将会成为"永远"。

下午，跨过渡月桥，等候巴士返回时，一位中年日本人跟我用中文搭话，说他是多么喜欢中国，不仅喜欢中国的美食、中国的地大物博，更喜欢中国人的友好。他说他第一次去中国的时候，一句中文都不会，但是在热情的中国人的帮助下，没有感到一丝的不安。后来甚至主动请缨，做了公司驻中国代表，在中国待了很多年，去过中国的很多地方……如果不是我乘坐的车来了，我想他口中与中国的友好故事一定会像桥下的桂川一样，永不会告绝。

仔细想来，岚山难道不正是如此吗？100多年来，无论中国还是日本，多少人曾沿着周恩来当年的足迹，来到岚山。他们的足迹就像一座座桥梁，沟通了中日间的友好往来，而他们的故事正如桂川一样，绵延不绝。

附：

渡月桥，是岚山非常有名的一座桥，架在桂川之上。考其名之由来，相传镰仓时期，龟山上皇（1249—1305）曾在一满月之夜，泛舟桂川，其时月空皎洁无云，湛蓝的苍穹下，他仿佛看到了月亮从桥上穿过，于是即兴吟咏出一句"くまなき月の渡るに似る（无云之夜如月渡桥）"，并将此桥命名为了"渡月桥"。现在的渡月桥建于1934年。

十

大凡到过京都的人，很少有不去金阁寺和银阁寺的，但是知道金阁寺和银阁寺仅仅是大本山相国寺（日本临济宗相国寺派大本山相国寺位列"京都五山"第二，全称"万年山相国承天禅寺"）的塔头寺院之一的恐怕并不多。

室町幕府第三代将军足利义满在致力于巩固自己将军之位的同时，也勤于参禅办道。1382年，其在嵯峨三会院聆听梦窗疏石讲授法要之际，义满招妙屋春葩、义堂周信等商议，欲建一寺院，内住50~100位道心坚固的僧侣。关于寺号，当时足利义满在朝廷任左大臣一职，而左大臣在中国被称为"相国"，因此将寺号定为"相国寺"。义堂周信还曾建议，如能得到天皇的敕许，则可称之为"承天相国寺"。同年10月，在妙屋春葩等人的指挥下，法堂、佛殿的立柱等建设完工。12月，妙屋春葩作为住持入寺。1392年，相国寺最终建成。相国寺建成后，曾几度被毁，又几次重建，凸显出其悠久的历史及独特的地位。

相国寺位于御所（皇宫）北面，紧邻同志社大学。我所在研究室的背面就是大本山相国寺，每天往返的路上，相国寺都是无论如何都绕不过去的。于是，我不必像那些远道朝圣而来的信徒一样特意来膜拜，只要愿意，往返的路上稍微驻足就可以巡礼一次。

出同志社大学正门往左，一眼就可以看到建于1797年至今保存完好的相国寺的总门。门前巨大的石碑上清清楚楚地镌刻着"大本山相国寺"六个大字，历经几百年，依旧遒劲有力，彰显出这座寺院独特的地位。紧邻总门的西边还有一座门，一直处于关闭状态，被称作"敕使门"。敕使门，顾名思义，即以前只有天皇或者幕府的使者来时，才可由敕使门进入。由此也可看出这座寺院与众不同的寺格。如今据说也只有非常重要的人来访时，才会偶尔开放。

从总门进入后，苍松翠柏沐浴在清风中，透出丝丝的禅意。绿树掩映间，是高矮不一的各类寺内建筑，星星点点，错落有致，坐落于院内各处。功德池位于左侧，不大的池塘莲叶翩翩，经常可以看到野鸭在水里嬉戏，有时也可以看到朵朵白莲花下有鱼在自由穿梭。天气好的时候，也可能会偶遇附近幼儿园的小朋友在池塘外围嬉戏玩耍。

连接池塘两头的是一座雅致的小桥（天界桥），小桥的延伸处则紧紧连着敕使门。桥看起来并不大，但是1551年，企图夺回将军实权的第十三代幕府将军（足利义辉），指使三好政胜和香西元成率众3000多人攻入京都，以相国寺为阵地与实力派三好长庆军对峙（距离皇宫500多米）。7月14日，相国寺被调集来的四万多军队围困，两军持续一昼夜的激战的序幕正是在这座小桥上拉开的。最终，幕府将军失去了最后的崛起机会。这场被称为相国寺之战的战争结束后，相国寺也由此化为了一片废墟。

走过功德池，钟楼（洪音楼）迎面而来。每天傍晚时分，悠扬的钟声一声又一声，响彻寺院。很多时候，我都是伴着耳畔回响的钟声穿越相国寺，急匆匆地赶往研究室的。那阵阵钟声清越悠扬，振聋发聩，发人深省。有几次，我也曾在钟声中停下脚步，静静地坐在路边的石凳上，任由那悠远的钟声和着轻柔的晚风，尽情地沁入身体，一直到灵魂深处。离开寺院在研究室坐定后，我似乎仍然能感受到那袅袅余韵一阵阵荡漾而来，将那颗俗世的心带至无尽的虚空。

在钟楼旁边不远处，法堂横亘在绿树之间。法堂是江户幕府时期，在丰臣家庇护下，于1605年修建的（现为日本重要文化财产）。法堂兼为佛殿，完整保存了桃山时代的建筑风格，其中的本尊释迦如来的造像等据传为运庆之作。镜天井的盘龙图（在堂内特定之处拍打即可听到龙的回音，因此又名为响龙）则为有名的狩野派画家狩野光信之作。

晴好的日子里，古色古香的建筑以其独特的风姿在蓝天白云的衬托下格外迷人。庭前的苍松高耸入云，像一座宝塔，又像一把巨大的伞，无论风雨都挺着倔强的身躯守护在法堂的左右。堂前的石阶，被打扫得干干净净，无论任何季节，想要找一片落叶竟然都很难。

犹记得第一次造访相国寺时，恰好是下午，我逛了一大圈之后，坐在法堂前的石阶上，思绪早已经被历史牵回了过去。同样是在1392年，在足利义满同时掌握公、武两家政权的背景下，相国寺及其塔头寺院金阁寺才能被建立起来。

而此后仅仅几十年，日本便进入了战国时期，十一年的应仁之乱（1467—1477年，日本室町幕府时代的封建领主间的内乱，在八代将军足利义政任期内，幕府管领的细川胜元和山名持丰等守护大名之间发生争斗），战火几乎烧尽了京都有史以来的全部文明。进入德川幕府后，在丰臣家的庇护下，相国寺才得以重建。

相国寺虽几度被毁，但其作为五山文学（镰仓幕府时期至室町幕府时期，以禅宗寺院为中心的日本汉文学）的一个重要据点，著名的水墨画家如拙、周文、雪舟等都曾在此修行，为日本五山文学的繁荣做出了巨大的贡献。

附：

相国寺的历史与室町幕府第三代将军足利义满分不开。足利义满生于1358年，其时，日本正值南北朝战乱，足利义满3岁时，楠正仪、细川清大举进攻京都，其父亲足利义诠逃往近江，义满被从者抱至建仁寺兰洲良芳之处。良芳用僧衣将义满裹住藏了5天，后送至播州，第二年，平安返回京都。1367年，义满在天龙寺随住持春屋妙葩受法，此后，春屋妙葩及其弟子义堂周信成为义满的不二信仰。在父亲义诠病逝后，年仅11岁的义满在管领细川赖之的辅佐下即将军位。1371年，位于室町北小路的室町将军府第营建完工，幕府随之迁至此，因其院落四季花草烂漫，遂被时人称之为"花之御所"。

十一

京都比邻有一座山叫作比叡山，山的那头就是日本最大的淡水湖泊——琵琶湖。其名字据说因形状像一把琵琶而来，但直到江户时代以后，这个名字才在日本各类作品中被广泛使用。

琵琶湖是日本自古以来就很有名的风景名胜地，其最具代表性的是"琵琶湖八景"：月明、凉风、新雪、烟雨、深绿、夕阳、晓雾、春色。据说15世纪京都的知识分子们，受中国洞庭湖秀美的"潇湘八景"的启发，遂以"琵琶湖八景"命名之。这也成为如今湖南省和滋贺县姐妹城市关系的一个因缘。关于琵琶湖之美景，历史上已经有很多记述，毋庸我再赘言。也正是因此，我到京都之后未几便踏上了琵琶湖之旅。

我从京都出发，沿着国道，经山科，骑自行车两个多小时，到达大津，短暂休憩后，换电车继续前行。那是一段奇妙的旅程。

普通车是站站都停的，停车时间大概就几十秒到一分钟的样子，车上人不多，静悄悄的，车厢内部非常干净，找不出一丝不洁。我找了个靠车窗的位置坐下，一直都在感叹电车的干净，甚至连车窗上都没有一点灰尘。车上很多人都在打盹，而我却没有一丝的困倦，窗外琵琶湖的美景时刻提醒着我，这将是一次多么有意义的异国之旅。我感受的其实不仅是窗外的风景，更是一种异国他乡的生活。对于习惯于在这个地方生活的人来说，也许每天都是那么普通，而对于我来说，所有的经历都是全新的体验，都将被铭记在心。我需要用心去感受时下的每一分每一秒。

　　车一直沿着湖边前进，湛蓝的湖面、碧绿的远山、蓝天上点缀的朵朵白云、不远处悠然的小村落，美得简直让人心疼。我觉得那已经不单是一幅画面，绝对可以称得上世外桃源，是梦里的那片净土。电车走走停停，悠然得就像我的心情。我甚至宁愿它再慢一些，再多给点时间，甚至都不敢眨一下眼睛，生怕错过眼前的每一寸景色。过了八九站，车停在了叫作高岛的一个小站。从车上下来的一瞬间，清新的空气扑面而来，连身上的毛孔都感觉瞬间张开，透彻了整个身心。我都不由得喊了一声。靠着车站的另一边，是青翠欲滴的森林，习习的凉风一直深入内心深处。那种舒畅，那一刻的心情，让我感觉语言是多么的苍白。

　　高岛感觉就像一个小村，但又不像国内的小村到处还可以见到人，这里几乎看不到人。从车站出来后，在去湖边的路上，除了偶尔来往的汽车外，没有见到一个人。一直到了湖边，才终于看到了一个钓鱼的。高岛的琵琶湖要比大津干净很多，沿湖是一条公路，公路下边，紧挨着湖面的也是一条路，可以散步，也可以容一辆车行驶。湖面远处依稀可以看到滑板爱好者的帆，偶尔有类似海鸥的鸟儿从上面飞过，引来一片相机的"咔嚓"声。

　　湖水非常清澈，可以看到水面下的沙子，我真想把鞋子脱掉在水里走走，又担心自己的脚丫会污染这清澈的水。捡块石头，顺势打个水漂，玩玩自己有几十年没有玩过的把戏，忽然感觉自己又返回了年少时代，依然还是那个没有长大的孩子。

　　我一下午都在湖边散步，一边玩，一边贪婪地欣赏着眼前的美景，直到太阳快要落山才决定返回。到达车站的时候，刚好赶上返回的新快速电车。没有想到，这趟旅程是这么的完美，恰巧能在返回的时候体验一下新快速。车是开往姬路的，路过大津京站。车到高岛时，可以看到车上人很少，有几节车厢甚至空无一人。新快速要比普通车长很多，速度也比普通的要快，来时41分钟的路程，回去只要28分钟。但是因为速度快，所以新快速的噪音明显要比普通车大很多。中途上车的人很多，车快到站时，车厢里站着的人已经很多了。

　　在大津京吃过晚饭后，踏上归途，时间已经到了晚上八点，返回的路程要比去时顺利很多。在下第一座山的时候，因为要等后面的人，所以自行车停了下来，就在这时，一束明亮的手电筒光照了过来，光亮背后，可以隐约看到后面有一个人急匆匆地跑了过来。我还在纳闷之时，她就已经到了跟前，问我要去哪里，是不是找不到路了。我说我要去京都，打算沿着三条通走。她便一脸认真地开始介绍路线，那点认真和亲切时隔几年依然深深地刻在我的脑海中。

比叡山的名僧慈圆曾说：世界上有无数的山脉，而真正的山脉只有一座，那就是比叡山。我一直觉得正是因为其山脚下的琵琶湖倒映着山色，才让比叡山显得更加壮丽，也正是因为这山水的交映才给来京都的文人墨客增加了自然的情怀，才给日本的文艺增加了一道绚丽的色彩。

十二

虽然在去"钱汤"之前，和隔壁的日本邻居讨教了不少经验，但是当我第一次从浴池出来，尚未来得及裹上浴巾，就被"番台（服务台）"的女工作人员迎上来东拉西扯地聊起天时，尴尬还是来得有点猝不及防。

我居住的小区属于京都市营住宅，价格超级低廉，所以房间内并不设置洗浴设施，而必须得利用附近的市营"钱汤"。后来我才明白第一次去就被"番台"的工作人员扯着聊天的原因。小区虽然很大，但入住率其实并不高，生活在小区里的每一个人、每一个住户，基本上都是在固定时间去洗澡的。而"番台"的工作人员基本上也是固定的几位，所以对每一位居住在小区的人，工作人员几乎都非常熟悉。而当我这个陌生的外国人第一次出现在这个已经相对稳定的生活圈子里时，自然就招致了注意。好在我的日语并不算太差，很快也就融入了这个生活圈。

市营住宅低廉的价格决定了住户的构成以受政府资助的老弱病残为主，只有极少部分房源以市政府国际交流的名义，经过极其严格的审查提供给来日的外国人。很幸运的是我成了其中为数不多的外国人住户之一。因为各种各样的原因，我去"钱汤"的时间基本固定在每晚六点半到七点左右，这个时间点已经过了"钱汤"的高峰期（每天下午四点半到六点之间）。虽然峰值已过，但人其实也不少，没过多久，不仅"番台"的工作人员，就连同在那个时间段来的日本人都知道了我这个外国人。于是，小区里无论何时碰到，相互之间都会很友好、很客气地打一声招呼，有时候也会拉上一会儿家常。仔细想来，这种人际关系的形成，前后大概就是几周的时间，相比国内，在居住了近十年的小区也未形成这样的关系。

从后来的情况来看，其实这种关系远非如此简单。在小区里待了没多久，因为工作关系，我返回了国内，家人则继续留在日本。前文中给我们送橘子的老太太就是妻子在"钱汤"认识的，妻子蹩脚的日语并没有影响她们之间的交流，而且相谈甚欢。从那时起，我的心变得坦然起来，本来还一直担心家人的日语会影响生活和心情，没想到一切好像都是多虑。

当近三个月后再次返回在日本居住的小区时，我才知道，在我不在家的这几个月里，送东西到家的已经不止一户两户。早上抱着小朋友出门，老远处就有人挥着手打招呼，此时我只能求助于女儿才能知道对方的详细称呼。下午带小朋友去散步，"一不小心"就有人迎面走来说上好久，末了我才知道怎么回事。

前段时间，我临时去了韩国一个星期，回来后，马上就带着女儿去了"钱汤"。刚进浴池，就碰到了一位经常见到的日本老大爷，照例是寒暄。不过，他显然对我一周多没来表示了极大的惊讶，我对他解释说自己出去了一趟。从浴池出来后，女儿蹦蹦跳跳地又跑了过来，告诉我说，那位老爷爷又给了一袋小零食。我都已经想不起来，他第一次送东西给女儿是什么时候了。只是印象中，果汁、巧克力、和式小"菓子"、小饼干等各种各样的零食鲜有重复。这些小零食一看都是非常新的，应该是刚刚从超市买回的，有时从他给的包装袋上就可以看出是从哪家超市里买来的。而这次当然也不例外，显然是他前几天就已经备好的，只是直到今天才见到我们。也是到后来我才知道，那位老爷爷其实和在"番台"工作的一位老奶奶是夫妻，两人还帮儿子带着几个孙子。之后的日子里，每想到此，我的内心就变得复杂起来。

那天从浴池出来后，我特意多待了几分钟，和他多聊了几句，但是他只是告诉我说自己对中国很有兴趣，其他的并没多讲。相反，另一位和他一起的日本人听说我是中国人时，眉飞色舞地告诉我，自己出生在中国东北，虽然已经不怎么会讲中文，但是他年轻时曾经在东北工作过好久，对中国充满了感情。像他们这样年龄段的日本人有类似的经历，对我来说其实已经完全不新鲜了，但让我惊讶的是，当他知道我是留学生，正在读博士时，他的语气迅速改变，语言也马上全部换成了敬语。转变之快，让我一下子摸不着头脑，甚至都不知道该怎么回复他，最后也只是客气地也用敬语匆匆结束了这次对话。

随着生活时间渐久,类似的经历已经不胜枚举。隔壁的邻居、楼上楼下的邻居,相互间一句简单的问候、一段并不十分长的闲谈,或者是赠送的一点点礼物……对我来说,"钱汤"就是一个契机,成了我与这个相对固定化的小集体之间友好交流的起点。

十三

知道京都的五山送火,应该是来京都的第二年8月左右。因为家住岩仓,每次从学校往返都必须穿过位于松崎东山的宝池隧道。那几天里,平日里难见人影的松崎东山忽然间热闹起来,紧锁着的上山的栅门被打开,一行人背着捆扎好的木头块鱼贯上山。第二天再次经过的时候,就可以远远地望见山坡上用一堆又一堆的木块清晰地摆出了一个巨大的"法"字。虽然心里充满无限好奇,但是学校到家的辛苦旅程让我无暇再去探究其中究竟。一直到后来看到关于五山送火的新闻报道,才遗憾自己错过了京都夏夜里最灿烂的一道风景。

非常幸运的是,经过后来的一次搬家,我正好搬到了大文字山脚下不远处。每天推开门,就可以看到山坡上被清楚雕出的大字。大文字山属于京都东山中的一山,本名如意山,因京都传统的五山送火中的压轴大字而扬名海外,遂称为大文字山。

五山送火是古都夏夜的一项传统活动,与葵祭、祇园祭、时代祭并称为京都四大传统节庆活动。现代形式的五山送火逐渐定型于江户幕府的前期到中期,其意在将盂兰盆节时接回的先祖之亡灵,通过熊熊燃烧的松明之火送至另一个世界。

五山送火,顾名思义,就是五座山的送火仪式。五座山中,东山的大文字山(又名如意岳)被广为人知,其余四座分别是金阁寺大北山的大文字山(又称左大文字)、松崎万灯笼山和大黑天山、西贺茂船山、嵯峨曼荼罗山。这五山在同夜先后点火,共同装饰出古都绚烂的夏夜。

虽然在大文字山脚下住了两年,但是感受五山送火,今年还是第一次。下午三点多在去学校的路上,我就注意到鸭川对岸已经有很多人架起了摄像机,席地而坐的人们更是一簇簇散开在河边的草地上。下午六点半再次出门时，只见家门口的河边的道路已经禁止车辆通行，宽阔的马路虽然被从中间分隔成两条宽敞的单向人行通道，但拥挤的人群显然还是让两步一岗、三步一哨的警察忙得焦头烂额。警察手中的大喇叭不停地喊着：禁止逆行，禁止跨越中间的黄色警戒带。而不远处的河边，两岸此时已经全是密密麻麻的人群。看看时间，距离点火时间还有整整一个小时。在河边转一圈后返回家门时，楼下的人群已经是黑丫丫一片。据官方粗略统计，当夜京都有八万多人见证了今年（2018）的五山送火。